글담출판

이 책은 『한 번에 비교해 이해하는 중학 한국사 세계사』의 두 번째 권입니다. 첫 번째 권이 인류가 처음 지구에 등장한 선사 시대부터 10세기까지의 역사를 담았다면, 이번 책은 11세기부터 19세기까지 약 900년의 역사를 다루고 있습니다.

서양사에서는 이 시기를 중세 말에서 근대로 넘어가는 시대로 구분합니다. 이 시기는 세계 여러 나라의 역사가 서로 얽히고 뒤섞여, 역사 전공자조차 잠시 머리를 식히고 정리해야 할 정도로 복잡한 시대입니다. 그만큼 세계사의 구조가 촘촘하게 연결되어 있어서, 이제 막 세계사를 배우기 시작하는 10대 학생들에게는 마치 '넘사벽'처럼 느껴지는 구간이기도 하지요. 선사 시대와 고대 시대까지는 흥미를 느끼던 학생들도, 이 시기에 들어서면 역사 공부를 포기하는 경우가 종종 있습니다.

2022 개정 교육과정을 기준으로 보면, 이 책에서 다루는 내용은 중학교 역사 교과서의 Ⅲ.세계 종교의 확산과 지역 문화의 발전 중 '서아시아와 유럽의 교류와 갈등'에서 시작해, Ⅳ.지역 세계의 교류와 변화, Ⅴ.제국주의와 국민 국

가 건설 운동에 해당합니다.

서양사에서는 십자군 전쟁을 시작으로, 르네상스와 종교 개혁, 신항로 개척을 거쳐 국민 국가의 등장과 제국주의의 확산으로 이어집니다. 18세기 '혁명의 시대'에는 시민혁명이 일어나 미국 혁명과 프랑스 혁명, 그리고 나폴레옹 전쟁이 뒤따르고, 이후 라틴아메리카에서는 민족주의와 자유주의의 영향으로 독립국들이 속속 등장하게 됩니다.

동양사 또한 격변의 연속이었습니다. 수많은 나라가 일어났다 사라지고, 새로운 강자가 등장하여 절대 권력을 휘두르는 시대였지요. 중국사에서는 송나라의 건국을 시작으로, 몽골 제국의 세계 정복, 그리고 명나라와 청나라의 흥망으로 이어집니다. 청은 아편 전쟁을 계기로 문호를 개방하고, 서양 열강의 침입을 받게 되지요. 서아시아에서는 셀주크 튀르크 제국이 이슬람 세계의 패권을 잡고 성지 예루살렘을 차지했으며, 이후 그 지위를 오스만 제국이 이어받아 비잔티움 제국을 멸망시키고 3대륙에 걸친 대제국을 건설합니다. 남아시아에서는 무굴제국이 인도를 통치하며 이슬람 문화를 확산시켰으나, 결국 영국 제국주의의 식민지 지배로 역사 속으로 사라지게 됩니다.

나라 이름만 들어도 머리가 복잡할 정도이지만, 이 시기에는 전쟁 또한 끊임없이 이어졌습니다.

이처럼 복잡하게 얽힌 시대를 어떻게 공부해야 할까요?

그 해답이 바로 이 책에 있습니다. 책장에 1권과 2권을 나란히 꽂아 두세요. 수업 시간에 새로운 사건을 배울 때마다 이 책을 꺼내 관련 페이지를 펼쳐 보세요. 100년 단위로 구성된 연대표를 따라가면, 그 시기에 서양과 동양, 그리고 한국에서 어떤 일이 일어났는지 한눈에 들어올 것입니다.

어떤 사건의 배경과 결말, 그리고 역사적 의미가 궁금하다면「깊고 넓게! 역사 완전 정복하기」코너를 읽어 보세요. 시대별 사건들의 공통점과 차이점, 역사 속 위치와 오늘날 우리에게 주는 교훈까지 자연스럽게 이해할 수 있습니다. 또한「나만 몰랐던 숨은 역사 이야기」에서는 교과서에 다 담기지 못한 흥미진진한 에피소드들이 기다리고 있습니다.

수업 시간, 근대사를 가르칠 때면 학생들에게 수없이 "영미프 나라"를 따라 하게 했습니다. 무슨 뜻이냐고요? 17세기의 영국 혁명에서 시작해 18세기 미국 혁명, 프랑스 혁명, 나폴레옹 전쟁을 거쳐 라틴아메리카 혁명으로 이어지는 시민혁명의 흐름을 뜻합니다. 이 책의 내용은 이처럼 수십 년간의 역사 수업 노하우를 제 기억 데이터에서 꺼내 책으로 엮은 것입니다.

세계사를 공부할 때는 나무 한 그루만 보며 숲속에서 길을 잃지 말고, 이 책이 보여 주는 '역사의 큰 숲'을 함께 바라보세요.

저 자신도 이 책을 항상 곁에 두고 있습니다. 세계사 사건은 워낙 복잡해, 이 책을 펼쳐야 비로소 한 시대의 전개 과정을 한눈에 볼 수 있기 때문입니다.

예를 들어, 임진왜란이 일어난 1592년을 찾아보면 그 주변 시기의 사건들─영국의 무적함대 격파(1588), 일본의 전국 통일(1590), 영국 동인도 회사 설립(1600)─이 연달아 보이며, 세계의 흐름이 자연스럽게 연결됩니다.

이것이 바로 이 책의 가장 큰 매력입니다.

역사를 처음 접하는 학생은 물론, 복잡한 근대사에 머리가 지끈한 교사에게도 든든한 길잡이가 되어 줄 것입니다.

끝으로, 이 책이 세상에 나오기까지 애써 주신 이경숙 편집자님과 글담 편집부 여러분, 진심으로 고맙습니다.

지구촌의 평화를 기원하며,

송영심

✦ 차례 ✦

2장 전통문화의 발전과 함께 대항해 시대가 시작되다

3장 남아메리카 문명이 파괴되고 조선에 임진왜란이 일어나다

4장 근대 시민혁명의 돛을 올리다

1부

문명의 충돌 속에 동서 교류가 시작되다

세계사에서 10세기부터 12세기는 격동과 변혁의 시기였습니다. 서양에서는 독일의 오토 1세가 신성 로마 제국 황제로 즉위하며 중세 유럽의 새로운 정치 질서가 형성되었습니다. 11세기에는 윌리엄 1세가 노르만 정복을 통해 영국을 장악했고, 서유럽에서는 가톨릭 교회의 권위가 강화되면서 로마 교황과 신성 로마 제국 황제 간의 갈등이 심화되었습니다. 또한 11세기 말, 셀주크 튀르크가 점령한 성지 예루살렘을 되찾기 위해 성전에 참여하자는 교황의 호소에 십자군 전쟁이 시작되었고, 이는 크리스트교와 이슬람교의 문명 충돌로 이어져 중세 유럽 사회에 큰 변화를 가져왔습니다.

한편, 중국에서는 10세기 5대 10국 시대를 송나라가 통일했습니다. 그러나 문치주의에 기반한 송나라는 국방력이 약해 거란의 요나라, 탕구트족의 서하, 여진족의 금나라에 시달렸습니다. 결국 금나라의 침입으로 북송이 멸망하고, 강남 지역에 남송이 세워졌습니다.

우리나라 역시 혼란한 후삼국 시대를 태조 왕건이 통일하며 불교를 국교로 삼은 고려가 건국되었습니다. 그러나 고려는 북진정책을 추진하다가 발해를 멸망시킨 거란과 세 차례에 걸친 고려 · 거란 전쟁을 치러야 했습니다. 이어 12세기에는 금의 건국과 세력 확장 속에서 이자겸의 난과 묘청의 서경 천도 운동, 무신정변이 일어났습니다.

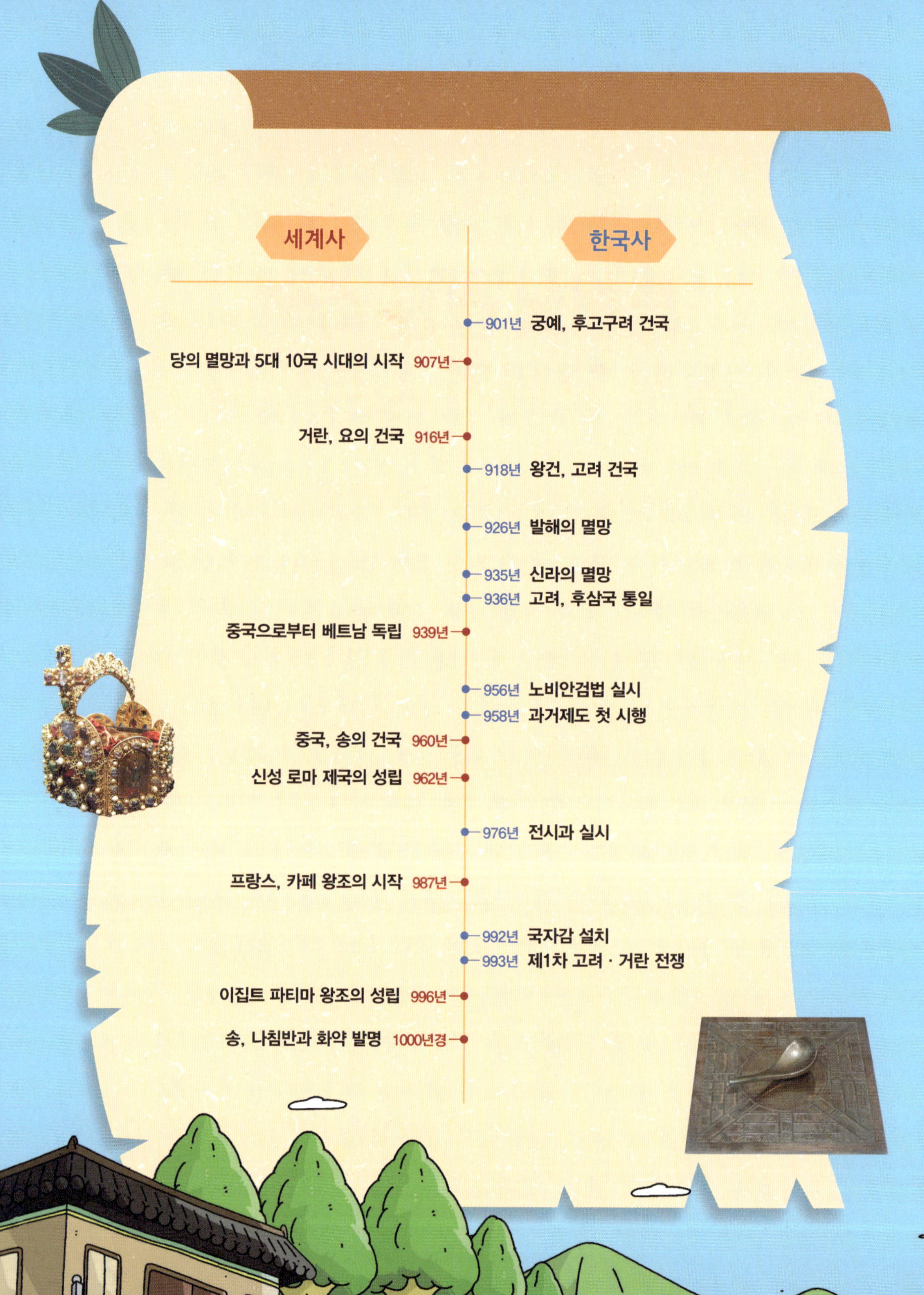

세계사
한국사

901년 궁예, 후고구려 건국
당의 멸망과 5대 10국 시대의 시작 907년
거란, 요의 건국 916년
918년 왕건, 고려 건국
926년 발해의 멸망
935년 신라의 멸망
936년 고려, 후삼국 통일
중국으로부터 베트남 독립 939년
956년 노비안검법 실시
958년 과거제도 첫 시행
중국, 송의 건국 960년
신성 로마 제국의 성립 962년
976년 전시과 실시
프랑스, 카페 왕조의 시작 987년
992년 국자감 설치
993년 제1차 고려 · 거란 전쟁
이집트 파티마 왕조의 성립 996년
송, 나침반과 화약 발명 1000년경

1장

5대 10국 시대가 시작되고 신성 로마 제국이 성립되다

9세기가 분열과 쇠퇴의 시기였다면, 10세기는 새로운 제국과 왕조가 탄생하는 시기였습니다. 우리나라, 중국, 서유럽, 이집트 등 각지에서 새로운 나라와 왕조가 세워졌습니다.

중국에서는 5대 10국의 혼란기를 거쳐 송나라가 통일을 이루었고, 거란족은 요나라를 세워 발해를 멸망시킨 뒤 고려를 위협하기 시작했습니다. 서유럽에서는 프랑스에 카페 왕조가 시작되었고, 독일의 오토 1세는 신성 로마 제국 황제에 즉위하여 마자르족의 침입을 격퇴했습니다. 이집트에서도 파티마 왕조가 세워졌습니다.

한편 우리나라는 왕건이 후삼국을 통일하며 고려를 건국했고, 새 나라를 안정시키기 위해 다양한 제도를 마련했습니다.

901년 궁예, 후고구려 건국

신라의 왕족 궁예는 북원(지금의 원주)에서 봉기한 **양길**★의 부하로 있다가 고구려의 부흥을 내세우며 후고구려를 건국했습니다. 송악을 도읍지로 정하고 나서 **미륵불**★을 자처했지요. 송악의 호족 왕건의 도움을 받아 세력을 확장하면서, 이후 나라 이름을 태봉이라 짓고, 철원으로 도읍지를 옮겼습니다.

★**양길** 북원에서 세력을 규합해 봉기하여 궁예와 함께 세력을 확장했으나, 궁예의 세력이 커지자 그를 없애려다 도리어 역습당했다.

★**미륵불** 석가모니불에 이어 중생을 구제하고 세상을 구한다는 보살

907년 당의 멸망과 5대 10국 시대의 시작

황소의 난 때 투항하여 권력을 잡기 시작한 주전충은 당의 소종昭宗을 살해한 데 이어 허수아비로 내세운 애제哀帝로부터 강제로 선양을 받아 후량의 초대 황제가 되었습니다. 이후 송나라가 세워져 중국이 다시 통일되는 979년까지의 약 70년간을 5대 10국 시대라고 합니다. 5대는 화베이 지방의 후량, 후당, 후진, 후한, 후주를 가리키며, 역사가들이 그전 왕조들과 구별하기 위해 왕조 앞에 각각 '후'를 붙였습니다. 그리고 10국은 화난華南 지방과 여러 곳에서 일어난 오, 남당, 오월, 민, 초, 형남, 남한, 전촉, 후촉, 북한으로, 지역 세력들이 난립한 시기를 일컫습니다.

▲ 주전충

916년 거란, 요의 건국

당나라가 멸망하고 중국이 5대 10국으로 분열되자 주변의 유목 민족들이 부족을 통합하기 시작했습니다. 그중 거란족은 **야율아보기**★를 중심으로 통합해 거란국을 세웠습니다. 938년에 송의 **연운 16주**★를 얻은 뒤 나라 이름을 '대요大遼'라 지었습니다.

★**야율아보기** 중국 요나라의 1대 황제. 당나라 말에 거란족의 칸이 되어 916년에 황제라 칭하고 만주·몽골 고원을 지배했다.

★**연운 16주** 5대 시대에 후진을 건국한 석경당이 거란의 원군을 얻은 대가로 거란에 넘겨준 땅

918년 왕건, 고려 건국

후고구려를 건국했던 궁예는 점차 포악해져서 왕후 강씨를 잔인하게 죽이고 아들들마저 때려죽이면서 온갖 악행을 저질렀습니다. 이에 대신들은 궁예를 내쫓고 성품이 온유하고 후덕한 **왕건**★을 추대해 왕위에 올렸습니다. 왕건은 나라 이름을 '고려'라 했으며, 도읍을 개경으로 정했습니다.

★**왕건** 고려의 1대 왕. 본래 궁예의 휘하에서 장수로 활약했으며, 궁예가 포악해지자 대신들과 부하들의 추대를 받아 918년 즉위하였다.

926년　발해의 멸망

발해는 후기로 갈수록 지배층 간의 내분이 심해졌습니다. 또 지배층인 고구려 유민과 대다수 피지배층인 말갈족 간의 갈등도 점차 심화되었습니다. 결국 **대인선왕*** 때 야율 아보기가 세운 요나라가 기마병을 앞세워 침입하자, 한 달도 채 버티지 못하고 멸망하고 말았습니다.

★**대인선왕** 발해 최후의 국왕. 대인선왕에 이르러 발해가 거란에게 멸망되었으므로, 시호는 없다.

935년　신라의 멸망

후삼국 시대의 신라는 금성을 중심으로 겨우 그 명맥을 유지하고 있었습니다. 그러나 후백제가 틈만 나면 쳐들어와 시달림을 당하며 갖은 수모를 겪었지요. 경애왕은 후백제의 침입으로 자결을 강요당하기까지 했습니다. 결국 신라의 마지막 왕, 경순왕은 조정의 신하들을 모두 불러 회의를 열고 **마의태자***의 반대에도 불구하고 고려의 왕건에게 투항하기로 최종 결정했습니다. 이로써 신라의 천년 왕조는 역사 속으로 사라지고 말았습니다.

★**마의태자** 경순왕의 태자로, 신라가 망한 후 금강산에 들어가 평생을 죄인이 입는 마의를 입고 지냈다.

936년　고려, 후삼국 통일

후백제의 시조 견훤이 그다음 왕위를 막내아들인 금강에게 물려주려 하자, 장남인 신검이 난을 일으켜 아버지를 금산사에 유폐시키고 스스로 왕위에 올랐습니다. 견훤은 분한 마음에 금산사를 탈출하여 고려의 태조 왕건에게 도움을 요청했고, 왕건은 군사를 이끌고 후백제를 공격하여 결국 멸망시켰습니다. 이로써 고려는 신라의 항복에 이어, 왕위 계승전으로 분열된 후백제를 정복하며 후삼국 통일을 이뤘습니다.

939년　중국으로부터 베트남 독립

베트남은 BC 111년 한나라 무제에게 정복된 이후부터 중국의 지배를 받아 왔습니다. 그러다가 939년 처음으로 중국에서 독립하여 베트남 최초의 독립 왕조인 응오 왕조(오 왕조)가 세워졌고, 이어서 딘 왕조와 레 왕조가 세워졌지만 이 시기 아직 국가 기반이 확립되지 못해 단명하고 리 왕조로 이어졌습니다.

▲ 베트남 최초의 왕조를 세운 응오 꾸옌

956년　노비안검법 실시

왕건이 후삼국을 통일했지만, 지방에는 아직도 수많은 호족들이 **사병***을 양성하며 세력을 떨치고 있었습니다. 이에 **광종***은 노비안검법을 실시하여 호족들이 소유한 노비 중에서 불법으로 노비가 된 사람들을 양인으로 해방시켜 주었습니다. 이로써 호족들은 경제적·군사적으로 큰 타격을 입었고, 병권이 중앙에 집중될 수 있었습니다.

★**사병** 개인이 사사로운 목적으로 부리는 병사

★**광종** 고려의 4대 왕. 왕건의 셋째 아들. 노비안검법을 실시하고, 과거제도를 실행했다.

958년 과거제도 첫 시행

광종은 후주에서 귀화한 쌍기의 건의를 받아들여 과거제도를 처음 시행했습니다. 과거제도 실시로 유능한 인재를 발탁하고, 호족 자제라면 자동으로 관리가 되던 특권도 제한하여 왕권을 국왕에게 집중시킬 수 있었습니다. 시험은 문과, 잡과, 승과의 세 과목으로 시행되었습니다.

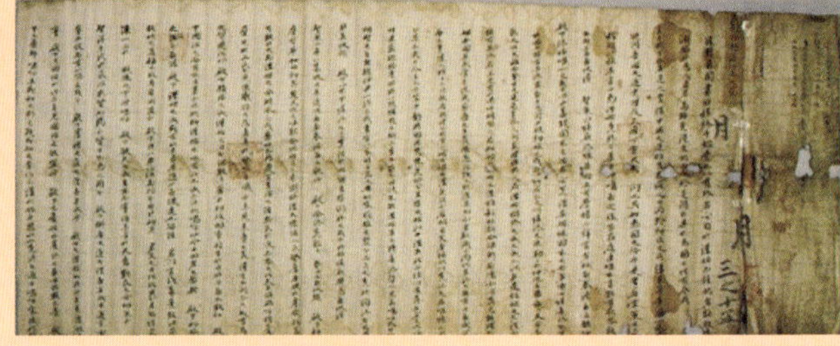
▲ 시권. 과거 시험에 응시한 사람이 쓴 답안지

960년 중국, 송의 건국

후주의 장수였던 조광윤은 절도사 세력의 추대를 받아 960년 송나라를 세우고, 점차 중국을 통일해 나갔습니다. 그는 송나라의 태조가 되어 당나라가 멸망하는 데 주요한 원인이었던 절도사 세력을 누르고, 문관을 우대하는 문치주의 정책을 실시했습니다. 이를 통해 사대부가 송나라의 지배세력으로 성장했습니다.

▶ 조광윤

962년 신성 로마 제국의 성립

독일의 황제 오토 1세는 파죽지세로 밀고 들어오는 마자르족을 955년 아우크스부르크 근처에서 벌어진 레히펠트 전투에서 막아 냈습니다. 로마 교황 요한 12세가 그에게 반란군 진압을 위해 이탈리아로 출정해 줄 것을 요구했고, 이에 오토 1세는 이탈리아로 출정해 교황을 지원했습니다. 교황은 그에게 서로마 제국의 황제관을 수여했고, 오토 1세는 신성 로마 제국의 황제가 되었습니다.

▲ 오토 1세가 수여받은 서로마 제국의 황제관

976년 전시과 실시

통일신라 경덕왕 때, 신문왕이 실시했던 관료전이 폐지되고 귀족들에게 **녹읍***을 다시 지급하자 귀족들이 농민까지 지배하게 되어 농민을 사병화하는 문제점이 나타났습니다. 사실 고려 때에도 개국공신과 호족들이 토지를 독과점하는 문제가 있었지요. 이에 **목종***은 전시과를 실시하여 과거에 합격한 관리들에게 18등급에 따라 조세를 거둘 수 있는 '전지'와 땔감을 얻을 수 있는 '시지'를 나눠 주었습니다.

★**녹읍** 관료에게 직무의 대가로 지급한 논밭. 자신이 소유한 일정 지역의 세금을 수취할 수 있었다.

★**목종** 고려의 7대 왕. 5대 왕 경종의 맏아들로 전시과를 개정하고, 학문을 장려했다.

프랑스, 카페 왕조의 시작

무위왕 루이 5세를 끝으로 카롤링거 왕조가 단절되자, 랭스 대주교 아달베로와 그의 측근 제르베르의 공작에 힘입어 경쟁자를 물리친 위그 카페가 프랑스 왕이 되었습니다. 그의 증조부 외드는 파리 백작으로서, 887년 노르만족을 센(Seine)강 유역에서 막아 내고 서프랑크 왕위에 오른 적이 있었습니다. 카페 왕조는 왕이 재위 중 후계자를 미리 지명하고 대관식을 치르는 관례를 마련했으며, 이를 통해 열네 명의 왕이 즉위했고, 1328년까지 300여 년간 왕조가 지속되었습니다.

992년

국자감 설치

고려 6대 왕 성종은 당나라의 제도를 받아들이고, 통일신라 시대의 국학을 계승하여 개경에 국자감을 설치했습니다. 최고의 국립교육기관인 국자감에서는 신분에 따른 교육을 실시하여 3품 이상의 자제에게는 국자학, 5품 이상의 자제에게는 태학, 7품 이상의 자제에게는 사문학을 교육했고, 8품 이하의 자제에게는 잡학(기술학)을 가르쳤습니다.

▲ 국자감. 성균관의 전신으로 현재의 개성시(옛 개경)에 있다.

993년

제1차 고려 · 거란 전쟁

거란은 고려에 모두 세 차례 침입했습니다. 거란 장수 소손녕이 이끄는 1차 침입으로 고려는 위기에 놓였지만, 외교가 서희의 담판으로 오히려 전화위복이 되었고 압록강 지역의 강동 6주를 확보할 수 있었습니다.

996년

이집트 파티마 왕조의 성립

이슬람 제국 아바스 왕조의 지배를 받던 이집트에 무함마드의 딸 파티마의 후예임을 주장하는 파티마 왕조가 성립했습니다. 파티마 왕조는 시아파의 한 분파인 이스마일파가 세운 왕조로, 아바스 왕조와 칼리프 자리를 놓고 힘겨루기를 벌였으나 결국 패배했습니다.

1000년경

송, 나침반과 화약 발명

중국은 인류의 생활을 바꾼 발명품을 세상에 많이 내놓았습니다. 제지술, 인쇄술, 나침반, 화약 등이 바로 중국이 자랑하는 4대 발명품이지요. 송나라 시대인 1000년경에 나침반과 화약이 널리 사용되기 시작했고, 이것들이 이슬람인들을 통해 서양에 전해졌습니다. 유럽의 근대 문명 발전에 절대적인 역할을 한 여러 발명품은 사실 중국에서 비롯된 것이었습니다.

▲ 한나라 때 쓴 나침반. 국자 모양에서 이후 바늘 모양으로 점차 발전했다.

태조의 건국 이념과 정책이 나라에 끼치는 영향에 대하여

'태조'란 한 왕조를 세운 첫 번째 임금에게 붙이는 묘호를 말합니다. 송나라 태조 조광윤과 고려 태조 왕건은 약 40년의 간격을 두고 각각 나라를 세운 뒤, 공통적으로 국가를 안정시키기 위한 기본 정책을 시행했습니다. 송나라 태조 조광윤이 마련한 건국 정책은 그의 동생이자 2대 황제인 조광의(태종)에 의해 더욱 공고해졌습니다. 이러한 정책은 이전 왕조들이 멸망한 원인을 극복하려는 데서 비롯된 것이었습니다.

송나라 태조는 당나라가 멸망한 원인을 지방 군사령관인 절도사의 횡포에서 찾았고, 이에 따라 무력이 아닌 문(文)을 중심으로 다스리는 문치주의 정책을 실시했습니다. 한편 고려의 왕건은 신라가 후삼국으로 분열된 이유를 중앙 권력이 약화되었기 때문이라 보았고, 호족 세력을 억제하여 왕권을 강화하는 것이 나라를 바로 세우는 길이라고 생각했습니다. 또한 국호를 '고려'로 정하며, 북방으로 세력을 확장해 고구려의 옛 땅을 회복하려는 북진 정책을 내세웠습니다.

이제 이러한 건국 정책들이 세월이 흐르면서 각 나라에 어떤 영향을 미쳤는지 살펴보겠습니다.

힘보다는 유교 정신, 송나라 태종

송나라를 세운 사람은 조광윤이지만, 그 기반을 튼튼히 한 이는 2대 황제인 동생 조광의입니다. 그는 형을 이어 송나라 2대 황제 태종이 되어 5대 10국 중 마지막까지 존속하고 있었던 오월과 북한을 정벌해 당나라의 멸망 이후 중국 재통일의 위업을 달성했습니다.

▲ 조광의

그는 외치뿐만 아니라 내치에도 힘썼습니다. 절도사들의 지배권을 빼앗는 한편, 지방관 휘하에 있던 주들을 중앙에 직속시키면서 지방관의 권한을 억제하여 중앙집권화를 도모했습니다. 문치주의도 송 태종 대에 확립되었습니다. 태조가 궁궐에서 시험을 보는 전시殿試를 두어 황제가 직접 과거 시험에 관여했다면, 태종은 그 과거제도를 더욱 활성화하여 더욱 많은 문관들을 채용했습니다.

그러나 한편으로는 연운 16주를 차지하고 있던 거란과의 싸움에서 대패하고, 부족을 통합해 새롭게 일어났던 서하西夏를 제어하지 못한 일은 두고두고 송의 부담으로 작용했습니다. 결국 무인武人보다는 문인文人이 상위에 서는 문치주의를 내세웠던 송나라는 국방력이 매우 약해졌습니다. 12세기에 들어서는 여진족이 세운 금나라에게 화베이 지역을 빼앗겼고, **두 명의 황제***가 포로 신세로 비참히 생을 마치면서 북송은 멸망했습니다.

★**두 명의 황제** 8대 왕 휘종과 그 아들 흠종을 가리킨다. 그 밖에 3,000여 명의 종실도 함께 포로로 잡혀 옛 땅으로 유배되었으며, 그곳에서 쓸쓸한 여생을 마쳤다.

왕건이 실시한 가장 기본적인 정책은?

태조 왕건이 세운 기본 정책은 그가 후손에게 남긴 열 가지 유언인 「훈요십조訓要十條」를 통해 잘 알 수 있습니다. 간략하게 살펴볼까요?

첫째는 북진 정책입니다. 그가 나라 이름을 고려라고 하고 고구려의 옛 수도인 평양을 서경이라고 한 것은 모두 고구려를 계승해 옛 땅을 되찾겠다는 의지를 드러낸 것이지요. 실제로 태조 당대에는 여러 차례 북쪽으로의 진출이 시도되었고, 국경선도 대동강 이남에서 청천강 이남으로 확대되었습니다.

둘째는 숭불 정책입니다. 고려는 국교를 불교로 삼고, 개경을 중심으로 사원과 사탑을 세웠습니다. 불교 행사인 연등회도 장려했습니다.

셋째는 민족 융합 정책입니다. 발해의 왕자 대광현, 후백제를 세운 견훤, 신라의 마지막 임금 경순왕은 모두 왕건에게 후한 대접을 받았습니다. 대광현에게는

왕족의 성씨인 왕씨를 하사했고, 견훤은 상부로 예우했으며, 경순왕은 신라의 사심관으로 임명하고 낙랑공주와 혼인까지 시켰습니다. 그뿐만이 아닙니다. 지방 호족들을 중앙 귀족으로 편입시키기 위해 태조 자신이 무려 29명의 호족의 딸과 결혼하는 혼인 정책도 실시했습니다. 그렇다면 이러한 그의 기본 정책은 고려에 어떤 영향을 가져다주었을까요?

단도직입적으로 말하자면, 북진 정책은 고려를 끊임없는 전쟁의 소용돌이에 몰아넣었습니다. 특히 그 정책에 불만을 품었던 거란은 세 번이나 대군을 이끌고 고려를 침공했습니다. 아무래도 영토 확장을 목표로 하는 정책이었기에 위협을 느꼈겠지요.

또한 숭불 정책으로 지나치게 불교 행사가 많아지면서 국가 재정에 부담이 늘어나기도 했습니다. 후에 성종에게 「시무28조」를 바친 최승로는 불교 관련 행사를 줄여야 한다는 건의를 올리면서, 불교는 개인의 삶을 위한 수신修身의 도道로, 유교는 국가를 다스리는 치국治國의 도로 삼아야 한다고 주장했습니다.

마지막으로 왕건이 사실상 호족을 누르기 위해 실시한 혼인 정책은 그의 재위 시기에는 평화를 가져왔지만, 사후에는 오히려 왕위 계승 전쟁의 주요 원인이 되었습니다. 실제로 그의 뒤를 이은 2대 국왕인 혜종 때에는 **왕규의 난***이 일어나기도 했습니다.

★왕규의 난 고려 초기 왕실의 외척이던 왕규가 자신의 손자인 광주원군을 왕위에 오르게 하기 위해 일으킨 반란으로 기록되어 있다. 왕권이 미약한 데서 발생한 사건이다.

오토 1세, 독일의 국왕에서 신성 로마 제국의 황제로

독일 작센 왕조의 오토 1세는 아버지 하인리히 1세에 의해 후계자로 지목되어, 936년 8월 7일 아헨에서 독일 공작들에 의해 왕으로 선출되었습니다. 그러나 왕이 된 오토 1세는 하루도 마음 편할 날이 없었습니다. 그의 이복형 탕크마르와 친동생 하인리히가 작센의 에버하르트 공작들과 연대하여 계속 반란을 일으켰기 때문입니다. 오토 1세는 인내심을 가지고 차근차근 반란을 진압해 나갔습니다.

내부적으로 어느 정도 안정되자, 그는 곧 밖으로 눈을 돌려 정복 사업에 나섰습니다. 그의 발 앞에 슬라브족, 덴마크, 보헤미아가 무릎을 꿇었고, 프랑스 내분에도 중재자로 나섰습니다.

또 이탈리아에 원정하여 롬바르디아 왕을 자칭하며 이탈리아를 평정했고, 미망인인 이탈리아의 왕후 아델하이트와 결혼도 했습니다. 그는 운도 좋아 아들 리우돌프의 반란으로 곤경에 빠져 있던 때, 마침 마자르족이 독일을 침입했습니다. 반란군은 마자르족과 내통한다는 의심을 피하려고 오토에게 항복했고, 오토는 유럽의 위기 속에서 패배를 모르던 마자르족까지 레히펠트 전투에서 격퇴하는 데 성공했습니다. 이에 교황 요한 12세는 자신을 위해 제2차 이탈리아 원정에 나선 오토 1세에게 신성 로마 제국 황제의 관을 씌워 주었습니다. 이것은 마자르족의 침입을 격퇴한 것 외에도 그가 정복 지역마다 주교관을 세운 데 대한 공을 치하한 것이기도 했습니다. 이로써 오토 1세는 카롤루스 대제의 전통을 잇게 되었으며, 카롤루스 대제와 같이 문화 발전에도 노력하여 오토 시대의 르네상스를 일궈냈습니다.

▲ 오토 1세

낙타를 굶겨 죽인 '만부교 사건'

태조 왕건은 발해를 형제 국가처럼 생각했습니다. 발해 역시 고구려를 계승한 국가이기 때문이었습니다. 발해가 거란에 의해 멸망하자 고려는 거란에 대한 적개심이 높아져 갔습니다. 거란은 이러한 사태를 눈치채지 못한 채 낙타 50마리와 함께 사신을 보내 친선을 요청했습니다. 그러자 분노한 왕건은 거란의 사신들을 유배 보내고 낙타 50마리를 개경의 만부교 밑에 묶어 두어 굶어 죽게 했습니다. 이걸로 그치지 않았습니다. 「훈요십조」에도 "거란은 짐승의 나라이니 그들과 친교하지 말라"고 당부하며 이를 명시했습니다.

탁월한 외교가 서희, 강동 6주를 확보하다

발해가 멸망한 후 그 후손들은 압록강 중류에 **정안국**定安國★을 세워 송나라, 고구려와 통교했습니다. 요나라의 성종은 이 정안국을 멸망시키고 나서 사위 소손녕을 보내 고려를 침공했습니다. 이것이 제1차 고려·거란 전쟁 침입입니다. 거란의 장군 소손녕은, 고려는 신라에서 일어났으니 차지하고 있는 고구려의 땅을 내놓으라며 요구했습니다. 그러자 **서희**★는 홀로 소손녕을 찾아가 고려가 고구려를 계승했음을 강조했고, 펄펄 뛰는 소손녕을 이성적으로 설득하고 논리에 굴복하게 만들어 **화약**和約★을 맺는 데 성공했습니다. 거란은 고려 왕의 **입조**入朝★와 거란 연호의 사용을 조건으로 고려가 압록강 동쪽 여진의 거주 지역 280리를 차지하는 것을 합의했습니다. 결국 서희는 거란과의 협상에 성공하며, 서경 이북 땅을 잃은 채 항복하는 대신 오히려 그곳에 강동 6주를 설치했습니다.

★**정안국** 발해의 유민들이 세운 국가. 송나라와 연합하여 거란족이 세운 요나라를 정벌하고자 했으나 오히려 두 차례에 걸친 공격을 받아 멸망했다.

★**서희** 소손녕과의 담판으로 전쟁을 치르지 않고 탁월한 화술만으로 적을 퇴각시켰다.

★**화약** 화목하게 지내자는 약속

★**입조** 벼슬아치나 외국 사신이 조정에 공식 업무나 보고를 위해 들어가는 일

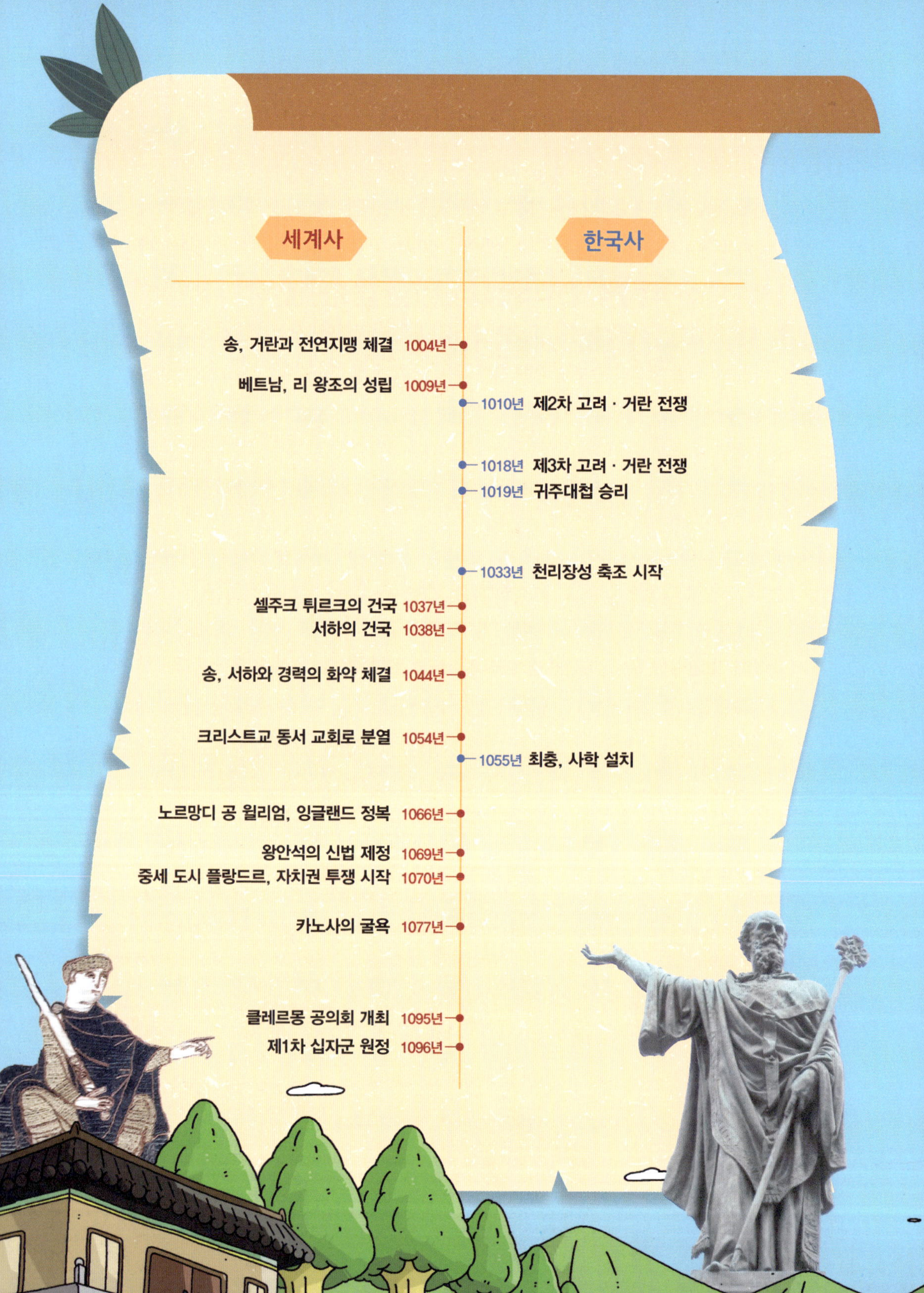

세계사

한국사

송, 거란과 전연지맹 체결 1004년

베트남, 리 왕조의 성립 1009년

1010년 제2차 고려·거란 전쟁

1018년 제3차 고려·거란 전쟁
1019년 귀주대첩 승리

1033년 천리장성 축조 시작

셀주크 튀르크의 건국 1037년
서하의 건국 1038년

송, 서하와 경력의 화약 체결 1044년

크리스트교 동서 교회로 분열 1054년
1055년 최충, 사학 설치

노르망디 공 윌리엄, 잉글랜드 정복 1066년

왕안석의 신법 제정 1069년
중세 도시 플랑드르, 자치권 투쟁 시작 1070년

카노사의 굴욕 1077년

클레르몽 공의회 개최 1095년
제1차 십자군 원정 1096년

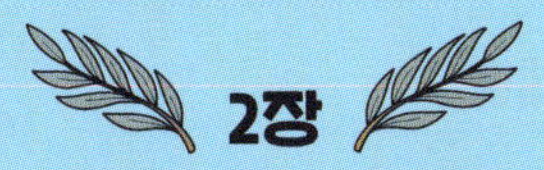

2장

북방 민족의 침입을 받고 십자군 전쟁이 일어나다

11세기는 말 그대로 전쟁의 시대였습니다. 이 무렵 중국에서도, 우리나라에서도 큰 전쟁이 여러 차례 있었지요. 또한 이슬람 세계와 서유럽 크리스트교 세계가 충돌한 십자군 전쟁이 일어난 시기이기도 합니다.

중국의 송나라는 문치주의로 나라를 다스린 탓에 국방력이 크게 약해졌습니다. 이를 눈치챈 북방 민족들은 끊임없이 송나라를 침입했습니다. 11세기 초에는 거란족이 세운 요나라와 싸워야 했고, 40년 뒤에는 탕구트족이 세운 서하와도 전쟁을 치러야 했습니다. 그때마다 송은 굴욕적인 강화 조약을 맺고 영토를 떼어 주거나 막대한 물자를 바쳐야 했습니다.

한편 셀주크 튀르크(셀주크 제국)가 예루살렘을 장악하면서 비잔티움 제국을 위협했습니다. 이에 비잔티움 황제는 서유럽 교황에게 도움을 요청했고, 이 사건을 계기로 200여 년간 이어진 십자군 전쟁의 막이 올랐습니다.

이 시기 고려도 고려·거란 전쟁을 세 차례나 겪었습니다. 거란족이 고려의 친송 정책과 북진 정책에 불만을 품고 침입해 온 것입니다. 고려는 불교의 힘으로 전쟁을 이겨 내고자 초조대장경을 조판했고, 전쟁이 끝난 뒤에는 천리장성을 쌓아 국방을 튼튼히 하였습니다.

1004년 송, 거란과 전연지맹 체결

요나라의 성종이 대군을 이끌고 송을 침입해 오자, 송의 진종은 요와 '전연지맹澶淵之盟'이라 불리는 강화 조약을 맺었습니다. 이에 따라 송은 점령당한 화베이 지방의 **연운 16주***를 되찾지 못했고, 오히려 매년 은 10만 냥과 비단 20만 필을 요에게 주게 되었습니다. 송은 막대한 전쟁 비용을 줄일 수 있었지만 국가 재정에 큰 부담을 안게 되었고 영토를 상실하는 뼈저린 아픔을 겪었습니다.

★**연운 16주** 후진을 세운 석경당이 후당을 멸망시키기 위해 거란의 원조를 받는 대가로 떼어 준 땅이다. 중국의 요지로, 특히 유주(오늘날 베이징 일대)가 포함되어 있었다.

1009년 베트남, 리 왕조의 성립

레 왕조의 군대 지휘관이었던 이공온이 레 왕조를 무너뜨리고 리 왕조를 세우면서, 송나라의 침입을 물리쳤습니다. 이때 수도를 탕롱(지금의 하노이)으로 옮겼고, 국가 이름을 대월이라 했습니다. 그 후 200여 년간 존속하면서 불교와 유교를 발전시켰습니다.

1010년 제2차 고려 · 거란 전쟁

거란은 고려가 1차 침입 때 맺은 약속을 지키지 않자 재침의 기회를 엿보다가 **강조의 정변***을 구실로 2차 침입을 단행했습니다. 거란 성종이 직접 40만 대군을 이끌고 고려로 쳐들어왔습니다. 이에 맞서 강조 역시 30만 병력을 이끌고 분전했으나 결국 패배해 사로잡혀 죽임을 당했고 수도 개경은 함락되었습니다. 그러나 거란이 결국 물러나게 된 데에는 양규의 활약이 크게 작용했습니다. 그는 거란군과 일곱 차례 싸워 모두 승리하고, 포로 3만여 명을 구해 내었으며, 마지막까지 싸우다 전사하였습니다. 고려는 거란에게 현종의 **친조***를 약속하는 조건으로 화의를 맺었습니다. 한편 이때부터 고려는 불교의 힘으로 외적을 막기 위해 초조대장경을 조판하였습니다.

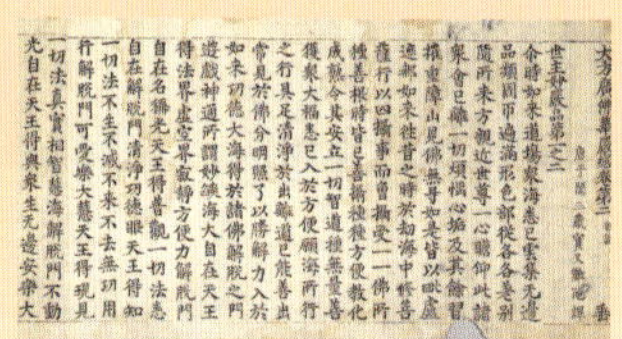

▲ 초조대장경 인쇄본

★**강조의 정변** 고려 7대 왕 목종의 어머니 천추태후가 외척 김치양과의 사이에서 태어난 아들을 목종의 후계자로 세우려 하자, 강조는 정변을 일으켜 아예 목종을 죽여 버렸다. 그리고 대량군 순을 현종으로 옹립했다.

★**친조** 왕이 친히 가서 신하의 예를 갖춤

1018년 제3차 고려 · 거란 전쟁

현종이 친조의 약속을 지키지 않자 거란은 또다시 장수 소배압이 이끄는 10만 대군을 보내 고려가 확보하고 있는 압록강 유역의 강동 6주를 내놓으라고 압박하였습니다. 그러나 거란은 귀주龜州(지금의 평안북도 구성)에서 강감찬 장군이 이끄는 고려군에 크게 패배하고 물러갔습니다.

▶ 귀주대첩 기록화

1019년 귀주대첩 승리

강감찬 장군이 소배압의 군사를 맞아 귀주에서 대승을 거둔 전투가 바로 귀주대첩입니다. 그는 부장인 강민첨 장군과 함께 20만 8천여 명의 군대로 소배압의 군대에 맞서 싸웠습니다. 그중 퇴각하는 거란군을 청천강 유역의 귀주에서 크게 격파했는데, 이때 살아 돌아간 거란군은 불과 수천 명에 지나지 않았다고 전해집니다.

◀ 강감찬 장군 동상

1033년 천리장성 축조 시작

거란과 세 차례의 전쟁을 치른 고려는 거란족과 여진족을 막기 위하여 1033년부터 1044년까지 약 11년 동안 압록강 입구에서 동해안의 도련포까지 약 400km에 이르는 장성을 쌓았습니다. 거란과의 싸움에서도 활약을 펼쳤던 **유소***가 큰 역할을 했습니다.

★유소 현종·덕종 때의 대신. 덕종 재위 2년 때, 1,000여 리에 이르는 천리장성을 쌓았다.

1037년 셀주크 튀르크의 건국

셀주크 튀르크는 이슬람교를 믿는 중앙아시아의 튀르크족으로 투그릴 베그가 세운 나라입니다. 그는 아바스 왕조가 분열한 틈을 타서 노예 출신 왕조인 가즈나 왕조를 약화시키고 페르시아의 사만 왕조의 영토를 장악한 다음, 이스파한을 차지했습니다. 1055년에는 바그다드로 쳐들어가 아바스 왕조 칼리프로부터 '동서방의 술탄', '최고의 아미르'라는 칭호를 받으며, 이슬람 세계의 새로운 지배자로 확고한 위치를 차지했습니다.

▶ 투그릴 탑. 투그릴 베그를 위해 12세기 테헤란 남쪽에 지어졌다.

1038년 서하의 건국

서하는 중국 서북부의 오르도스Ordos와 간쑤성 지역에서 티베트 계통의 탕구트족이 세운 나라입니다. 탕구트족의 8부部 중 탁발부는 탁발사공 족장이 황소의 난 때 공을 세워 당의 황실 성인 이李씨를 하사받은 이래, 쭉 이씨를 사용해 왔습니다. 그중 이원호가 여러 부족을 통합하여 나라를 세우고 그 나라 이름을 '대하大夏'라 했지만, 송은 고대 하 왕조와 구분하여 '서하'라고 불렀습니다.

1044년 송, 서하와 '경력의 화약' 체결

송과 서하 사이에 일어난 송하 전쟁(1040년~1042년)의 결과, 두 나라는 '경력의 화약慶曆'을 맺었습니다. 경력은 송나라 인종의 연호입니다. 이 화약으로 서하가 송에게 신하의 예를 갖추는 대신, 송은 매년 은 7만 2천 냥, 비단 15만 3,000필, 차 5만 근을 서하에 제공했고, 국경에 무역장을 개설하여 교역을 허용했습니다. 비단길의 길목에 위치한 서하는 이 물자를 이용해 막대한 경제적 이득을 얻었습니다.

1054년 크리스트교 동서 교회로 분열

성상 숭배를 하느냐 하지 않느냐로 분열하기 시작한 동서 교회는 성령이 성부에서만 나온다고 보는 동방 정교회와 성령이 성부와 성자 모두에게서 나온다고 보는 서방교회 사이의 신학적 분쟁으로 분열의 골이 더 깊어졌습니다. 결국 이러한 신학적 대립에 정치적 갈등까지 겹치면서, 1054년에 교회는 완전히 분열되었습니다. 동방의 그리스 정교회와 서방의 로마 가톨릭은 분열된 지 약 1,000년 만인 2016년에 극적으로 화해했습니다.

◀ 그리스 정교회를 대표하는 러시아 정교회의 총대주교와 로마 교황이 포옹을 하고 있다.

1055년 최충, 사학 설치

고려의 문신이자 수상직인 문하시중을 역임한 최충은 문장과 글씨에 능하여 '**해동공자**'★라 불렸습니다. 그는 퇴직한 후 송악산 기슭에 사학私學을 열었는데, 아홉 개의 서재로 구성된 **구재학당**九齋學堂★을 세워 고려 최초의 사립 교육 기관을 설립한 인물이었습니다. 이후 고려에는 '문헌공도'를 비롯한 사학 12도가 세워졌으며 사학의 학생들은 국립대학인 국자감에서 수학한 학생들보다 과거 시험에 더 많이 합격하였습니다.

★ **해동공자** 동쪽 나라의 공자란 뜻으로, 고려의 유학을 진흥시킨 최충을 높여 부른 말이다.

★ **구재학당** 최충의 시호가 '문헌'이라 '문헌공도'라고도 불렸으며 사학 12공도 중 가장 으뜸으로 꼽혔다.

1066년 노르망디 공 윌리엄, 잉글랜드 정복

911년 노르만족 중 일부가 프랑스를 침공하자, 프랑스의 샤를 3세는 크리스트교로 개종하는 것을 조건으로 우두머리인 **롤로**★를 노르망디 지역의 통치자(공작)로 봉하고, 그들이 점령한 지역을 봉토로 내주었습니다. 그리고 1066년 노르망디 공작 윌리엄은 잉글랜드의 왕위 계승권을 주장하며 도버 해협을 건너 침공했습니다. 당시 잉글랜드 왕 에드워드가 후사 없이 죽자, 왕위에 오른 해럴드 2세를 헤이스팅스 전투에서 무찌르고 잉글랜드를 정복하는 데 성공했습니다. 그가 바로 '노르만 정복자'라 불린 윌리엄 1세입니다.

★ **롤로** 프랑스에 정착한 노르망디 공국의 시조

▲ 노르만 정복자 윌리엄 1세

1069년 왕안석의 신법 제정

왕안석은 당송팔대가 중 한 사람으로 꼽히며, 송나라 젊은 황제 **신종**★의 중용으로 개혁의 중심에 서게 되었지요. 왕안석은 균수법, 청묘법, 모역법, 보갑법, 시역법, 보마법 등으로 이루어진 **신법**★을 제정해 서하와의 전쟁에서 바닥난 국가의 재정을 확충하고 농민 생활의 안정을 도모했지만, 점차 보수 관료층의 반발을 불러일으켰습니다. 이후 조정에서는 왕안석의 신법을 지지하는 신법당과 대지주와 대상인의 이권을 지키려는 구법당의 다툼이 깊어졌습니다. 이러한 가운데 신종이 죽고 어린 철종이 즉위하자, 조정에서는 사마광을 중심으로 하는 구법당이 정권을 잡게 되었고, 신법은 결국 폐지되었습니다.

★**신종** 북송의 6대 황제. 5대 황제 영종의 장남

★**신법** 주로 영세농민의 보호와 대상인이나 대지주의 억제를 목표로 한 것이기에 지주나 상인 세력과 그곳 출신인 관료들의 엄청난 반대를 불러일으켰다.

중세 도시 플랑드르, 자치권 투쟁 시작

11세기에 이르러 농업 생산력이 높아지고 상업 활동이 활발해지면서 중세 도시들은 영주의 봉건적인 제약과 속박에서 벗어나기 위한 자치권 투쟁을 전개했습니다. 그 대표적인 예가 플랑드르 지방(현 벨기에의 일부)의 도시들이 벌인 자치권 투쟁입니다. 중세 도시들은 봉건 영주에게 돈을 주고 특허장charter을 사서, 도시에 자치 공동체인 코뮌commune을 형성했습니다. 특허장에 명시된 내용에 따라 형성된 코뮌은, 영업의 자유, 신체의 자유, 재산권의 보호, 정치적 자치권 등을 보장받을 수 있었습니다.

1077년

카노사의 굴욕

로마의 교황권이 강해지면서, 교황과 신성 로마 제국의 황제 사이에 성직자 임명권인 서임권을 놓고 치열한 정치적 갈등이 일어났습니다. 그 대표적 사건이 교황 그레고리우스 7세와 신성 로마 제국의 황제 하인리히 4세 사이에 벌어진 '카노사의 굴욕'입니다. 이 사건에서 교황에게 파문당한 하인리히 4세는 눈이 오는 어느 겨울날, 카노사 성에서 머물고 있던 교황을 찾아가 3일 동안 무릎을 꿇고 용서를 빌었고, 결국 교황은 파문을 철회했습니다. 그러나 이 일은 황제가 교황에게 굴복한 중세 유럽의 대표적 사건으로 역사에 길이 남게 되었습니다.

☞36쪽에 이 사건의 최종 결말이 나와 있으니 읽어 보세요.

▶ 카노사 성 앞에서 교황을 기다리고 있는 하인리히 4세

1095년

클레르몽 공의회 개최

성지 예루살렘을 장악한 셀주크 튀르크가 성지 순례를 박해하고 비잔티움 제국을 압박하자, 비잔티움 제국 황제는 로마 교황 우르바누스 2세에게 도움을 청했습니다. 교황은 프랑스 클레르몽에서 공의회를 열어 십자군 원정에 참여할 것을 호소하였고, 참전한 사람들의 모든 죄가 사해질 것이라고 선포했습니다. 이를 계기로 십자군 전쟁이 시작되었습니다.

▲ 교황 우르바누스 2세

1096년

제1차 십자군 원정

제1차 십자군은 성공적으로 예루살렘을 탈환했습니다. 그러나 곧 이슬람 세계에 빼앗겼고, 이후 이 십자군 전쟁은 200여 년 동안 지속되었습니다. 이 전쟁의 이름이 십자군 전쟁이 된 것은 전쟁에 참여한 사람들이 옷에 붉은 십자가 문양을 부착했기 때문입니다. 반면 이슬람 세계에서는 이 전쟁을 '프랑크인들의 침공'이라고 부릅니다. 세속적 이익이 가득했던 십자군 전쟁은 군사적·종교적으로는 결국 실패로 끝났습니다. 전쟁의 실패로 교황권이 약화되고 기사로 참여했던 봉건 영주가 몰락했습니다. 반면 동방 무역이 활발해지고 이슬람의 새로운 문물이 전해지면서 서유럽 중세의 봉건사회는 서서히 해체되었습니다.

전쟁을 통해 만들어진 문화유산에는 어떤 의미가 있을까?

어느 시대나 전쟁은 참혹합니다. 전쟁은 가장 기본적인 인간성을 파괴하며 갖은 시련을 안겨 줍니다. 하지만 전쟁을 겪은 인간은, 더할 수 없는 의지력으로 그 상황을 극복하려 노력하게 됩니다.

특히 우리나라에서는 전쟁 상황을 부처의 힘으로 극복하고자 『초조대장경』이나 『팔만대장경』을 조판한 사례가 잘 알려져 있습니다. 현재 남아 있는 팔만대장경은, 초월적인 국난 극복 의지를 보여 줌으로써 2007년 유네스코 세계기록유산으로 지정되었습니다.

전쟁이 끝난 뒤에는 또 어떤 일이 벌어졌을까요? 정복민을 통치하기 위한 강압적 정책과 조세 징수를 위한 토지 조사 사업이 병행되기 마련입니다. 11세기에도 윌리엄 1세가 노르만 정복 이후 영국인들에게 강제 충성을 서약받고, 새로 획득한 영지에 대한 엄격한 토지 조사 사업을 진행하여 『둠즈데이 북Domesday Book』을 만들었습니다.

이처럼 대장경과 『둠즈데이 북』에는 11세기 사람들의 시련과 고통, 노력이 그대로 아로새겨져 있습니다.

이제부터 11세기에 만들어진 문화유산의 제작 과정과 역사적 의미를 탐구해 보겠습니다.

노르만의 멍에로 불린 『둠즈데이 북』

영국을 정복한 윌리엄 1세는 잉글랜드 귀족들이 소유하던 땅을 몰수하여 노르만 기사들에게 골고루 나눠 주었습니다. 이로써 영국에는 노르만식 봉건제도가 자리를 잡게 되었지요. 또 1086년에는 '솔즈베리의 서약'을 단행하여 영국에서 토지를 보유하고 있는 사람은 누구나 윌리엄 1세에게 충성을 선서하도록 강요했습니다. 이 과정에서 그가 작성하기 시작한 것이 영국의 전국적인 토지 대장 『둠즈데이 북』*입니다.

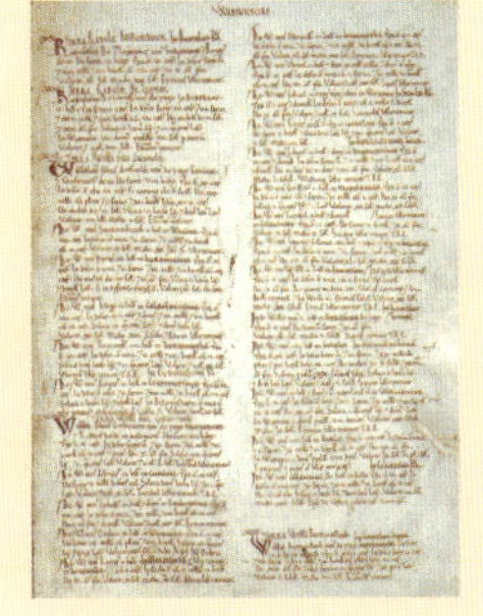

★둠즈데이 북 토지의 보유자 이름, 장원의 이름과 규모, 토지별 농민의 수, 문화 시설의 수 등 개인의 재산 소유 상태가 상세히 기록되어 있다. 징세가 목적이었다.

본래 '둠즈데이'란 크리스트교에서 '최후의 심판의 날'을 뜻합니다. 이 장부에 기재되면, 그것이 곧 윌리엄 1세에게 세금을 바치는 의무와 직결된다는 뜻에서 그렇게 명명된 것입니다. 그로 인해 국가 재정이 튼튼해지고 영국 특유의 중앙집권적 봉건 통치 체제가 마련되긴 했으나, 영국인들은 옛 앵글로·색슨사회를 그리워하며 둠즈데이 북을 '노르만의 멍에'라고 부르기 시작했습니다. 둠즈데이 북은 후손에게 물려주어야 할 인류의 문화유산입니다. 하지만 그 속에는 노르만인에게 정복당했던 영국인들의 한숨과 눈물이 오롯이 배어 있습니다.

거란과의 전쟁 과정에서 만들어진 『초조대장경』

고려 현종은 거란의 침입을 부처님의 가호를 빌려 막아내기 위해 대장경을 조판하기 시작했습니다. 이것이 바로 『초조대장경』입니다. 그런데 『초조대장경』의 조판 기간에 대해서는 1011년 시작해 1087년까지 이어졌다는 '77년 설'과, 1011년에서 1051년에 완성했다는 '41년 설'이 존재합니다. 이렇게 주장이 엇갈릴 만큼 그 조판 과정과 정성은 감탄할 만합니다.

거란군이 개경을 점령하고 물러나지 않자, 현종과 신하들은 대장경을 조판하겠다고 맹세했습니다. 신기하게도, 그 직후 거란군은 물러갔다고 『고려사』에 기록되어 있습니다.

그러나 안타깝게도 『초조대장경』은 대구 부인사에 보관되다가 1232년 몽골군의 침입으로 대부분 소실되어 전체 규모를 정확히 파악하기 어렵습니다. 다만 일본에는 2,000여 권, 국내에는 300여 권이 남아 있어, 당시 고려의 뛰어난 목판 인쇄술을 짐작할 수 있습니다.

전쟁이라는 어려운 상황 속에서도 종교의 힘으로 국난을 극복하려 했던 고려인들의 의지와 슬기를 엿볼 수 있는 대목입니다.

수도 카이펑의 풍경을 생생히 그리다

송나라의 수도 카이펑은 인구가 100만이 넘는 대도시였습니다. 대운하를 통해 강남의 쌀과 풍부한 특산물이 들어와 활발히 거래되면서, 카이펑의 시장은 사람들과 온갖 물건으로 진풍경을 이루었습니다. 새벽 4시가 되면 성문이 열리고 시장이 섰는데, 밤늦게까지 장사를 계속할 수 있었습니다.

당나라의 장안은 정부가 지정한 장소에서만 거래를 하게 했지만, 송의 카이펑은 그런 규제가 없었습니다. 카이펑에는 '와자'라는 번화가가 있었는데, 수천 명의 관객을 수용할 수 있는 대극장들이 있어서 곡예, 씨름, 만담, 꼭두각시 인형극, 유행가 등이 공연되곤 했습니다. 오늘날 시내의 극장가 주변에 음식점이 즐비하듯이, '구란'이라 불렸던 극장이 밀집한 와자에는 선술집, 음식점, 이발소 등의 일반 가게뿐만 아니라 행상인들의 수레로 늘 와자지껄했습니다. 한림학사 장택단이 그린 「청명상하도淸明上河圖」는 1,000년 전 카이펑의 모습이 시공을 초월해 마치 살아 숨 쉬듯 생생하게 재현되어 당시 도시의 번화한 모습을 그대로 보여 줍니다.

▲ 장택단이 청명날의 도성 내외 풍속과 시가를 표현한 「청명상하도」

마틸다가 도와준 '카노사의 굴욕'

서유럽 중세에는 여성들이 성주나 수도원장으로 활동하면서 정치적 활동을 했습니다. 그중 마틸다는 토스카나의 백작 부인으로 카노사 성의 여성주였으며, 교황 그레고리우스 7세의 강력한 후원자이기도 했습니다.

1076년 1월, 보름스에서 열린 회의에서, 신성 로마 제국 황제 하인리히 4세는 교황과의 서임권 투쟁 중 그레고리우스 7세를 폐위한다고 선언했습니다. 이에 분노한 교황은 하인리히 4세를 파문했고, 가톨릭 신자들은 황제를 공개적으로 지지해서는 안 된다고 선언했습니다. 이대로라면 1077년 2월 아우구스부르크 회의에서 하인리히 4세는 황제 자리에서 쫓겨날 상황입니다.

그는 한겨울에 알프스를 넘어 교황에게로 갔습니다. 교황은 이때 마틸다의 초청으로 카노사 성에 머물고 있었습니다. 황제는 그 추운 겨울날 눈 속에 꼬박 3일 동안 용서를 빌었고, 클뤼니 수도회의 대수도원장인 후고도 중재에 가담하여 하인리히의 진정성을 교황에게 전하며 사면을 권고했습니다. 마틸다도 중간에서 교황에게 하인리히가 충분히 반성하고 있음을 전했고, 그 결과 교황은 접견을 허락하고 교회에 복종하겠다는 서약을 받은 다음에야 파문을 취소했습니다.

▲ 카노사 성 앞에서 교황을 기다리는 하인리히 4세와 카노사 성의 마틸다와 수도원장 후고

그러나 이것은 교황권과 황제권 간의 1차전에 불과했습니다. 이후 복수심에 찬 하인리히 4세는 군대를 이끌고 로마를 함락시켰고 그레고리우스 7세를 교황 자리에서 몰아냈습니다. 이에 그레고리우스 7세는 망명지인 살레르노에서 눈을 감으며 이렇게 유언을 남겼다고 합니다.

"내가 이곳 망명지에서 죽는 것은 정의를 사랑하고 불의를 미워했기 때문이다."

천추태후의 진짜 모습

　텔레비전에서 〈천추태후〉라는 드라마가 방영된 적이 있습니다. 그러나 드라마 속의 묘사와 실제 역사 기록은 서로 다른 점이 많습니다. 지금부터 진짜 천추태후의 모습을 살펴볼까요?

　천추태후는 태조 왕건의 손녀이자 6대 왕 성종의 누이동생입니다. 그녀는 근친혼을 허용하던 고려 왕실의 풍습에 따라 고종사촌인 5대 왕 경종과 결혼하여 아들 송(목종)을 낳았습니다. 그러나 남편 경종이 즉위한 지 6년 만에 죽자, 외가 쪽 친척인 김치양과 사적으로 가까워졌습니다.

　그녀의 오빠이자 광종의 사위였던 성종마저 세상을 떠나자 천추태후는 더욱 김치양과 가까워져 그의 아들을 낳았고, 그 아들을 왕위에 앉히기 위해 반란을 모색하게 됩니다. 목종의 부탁으로 김치양의 난을 진압하러 왔던 무신 강조는 김치양 부자를 살해하면서 아예 목종마저 폐위시켰습니다. 그리고 천추태후의 친조카였던 왕순(대량군)을 세워 자신도 권력을 잡았습니다. 그가 8대 국왕 현종입니다.

　결국 목종은 유배를 가던 중에 죽임을 당했고, 모반을 꾀한 천추태후 역시 유배를 갔습니다.

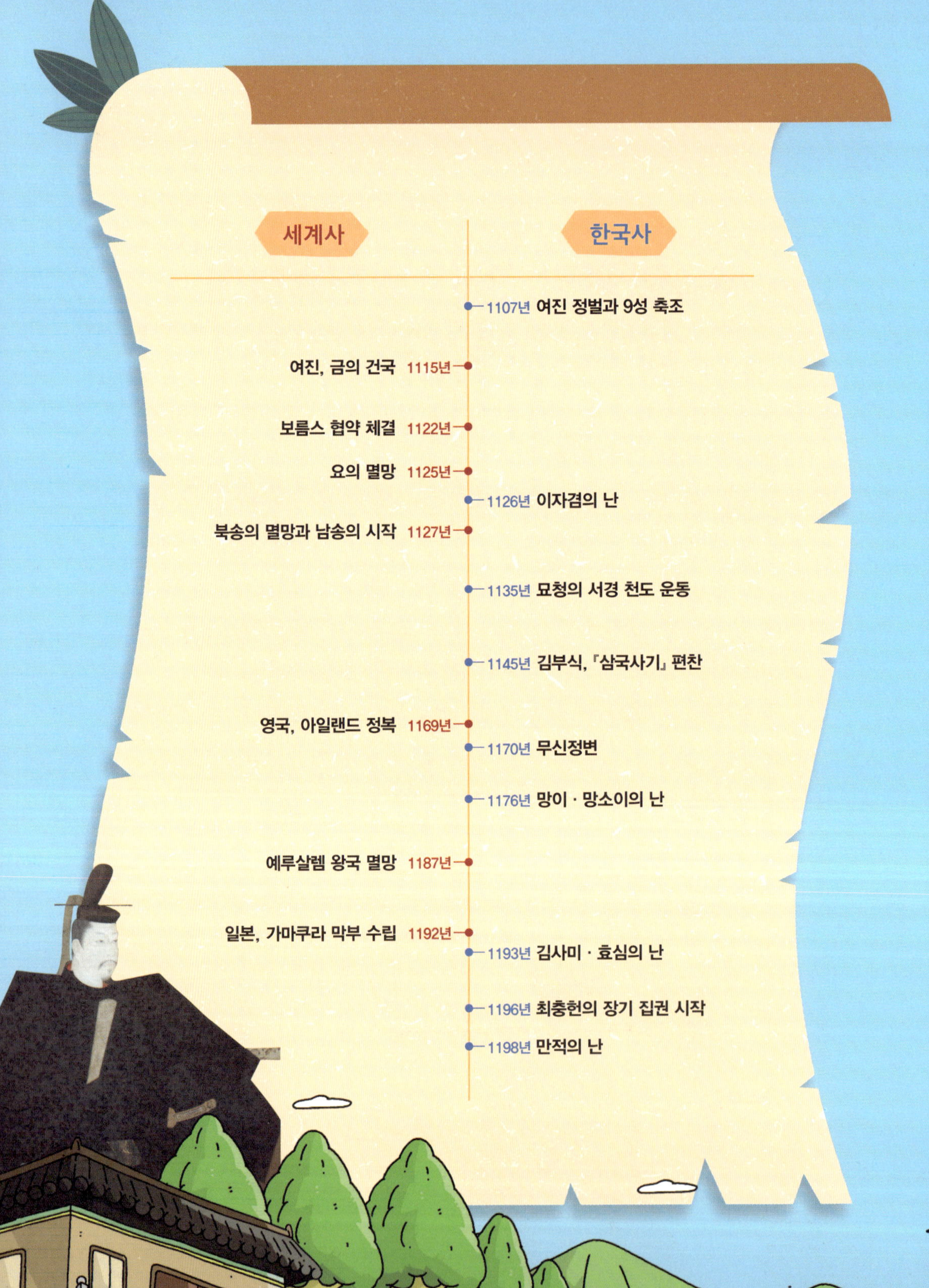

세계사
한국사

1107년 여진 정벌과 9성 축조
여진, 금의 건국 1115년
보름스 협약 체결 1122년
요의 멸망 1125년
1126년 이자겸의 난
북송의 멸망과 남송의 시작 1127년
1135년 묘청의 서경 천도 운동
1145년 김부식, 『삼국사기』 편찬
영국, 아일랜드 정복 1169년
1170년 무신정변
1176년 망이 · 망소이의 난
예루살렘 왕국 멸망 1187년
일본, 가마쿠라 막부 수립 1192년
1193년 김사미 · 효심의 난
1196년 최충헌의 장기 집권 시작
1198년 만적의 난

북송의 멸망, 그리고 일진일퇴의 십자군 전쟁이 계속되다

12세기 동양과 서양에서는 문명과 문명이 서로 계속 부딪혔습니다. 중국에서는 북방 민족 여진족이 일어나 거란족이 세운 요나라를 멸망시키고, 송나라를 공격하여 북송을 무너뜨렸습니다. 이로 인해 중국 화베이 지방은 여진족의 금나라, 강남 지역은 한족의 송나라가 통치하게 되었습니다.

한편 서유럽에서는 이슬람 문명과 크리스트교 문명 간의 십자군 전쟁이 이어졌습니다. 이슬람군의 영웅 살라딘은 예루살렘을 재탈환한 뒤, 제3차 십자군 전쟁 끝에 리처드 1세와의 교섭으로 예루살렘에 대한 크리스트교인의 순례를 허용하는 휴전 조치를 맺었습니다.

우리나라 고려는 반란의 시기였습니다. 이자겸과 묘청의 난에 이어 무신정변이 일어났고, 각지에서 민란이 발생하며 나라가 매우 혼란스러웠습니다. 12세기 말, 고려에서 무신 정권이 수립되는 시기에는 일본에서도 가마쿠라 막부가 세워졌습니다.

한국사 vs 세계사 한 번에 이해하기

1107년 여진 정벌과 9성 축조

완옌부의 추장 아골타가 세력을 넓혀 천리장성을 침입하자, 윤관은 특수 부대인 **별무반**別武班*을 조직해 여진족을 정벌하고 동북 지방에 9성을 쌓았습니다.

★**별무반** 고려 숙종 9년에 윤관이 조직한 군대. 여진 정벌을 위해 기병을 중심으로 편성하였으며, 신기군, 신보군, 항마군 등 세 부대로 구성되었다.

▶ 척경입비도. 윤관 등이 여진족 정벌 직후 국경비를 세우는 장면을 그린 그림으로 작자 미상이다.

1115년 여진, 금의 건국

만주 동북부 지역에 살면서 숙신족, 물길족, 말갈족으로 불리던 여진족은 발해의 지배를 받다가, 발해가 멸망한 이후 발해에 소속되지 않던 흑수말갈과 함께 거란의 지배를 받기도 했습니다. 그러던 중 완옌부의 추장 **아골타***가 힘을 키워 주위 부족을 통합하고 금나라를 세웠습니다.

★**아골타** 금나라의 초대 황제. 만주 지역의 여러 여진 부족들을 통합하여 금을 건국했으며, 요나라 세력을 몰아내고 요동(랴오둥)에 진출하였다.

1122년 보름스 협약 체결

서임권 투쟁으로 대립하던 신성 로마 제국의 황제와 교황은 서로 타협하기 위해 보름스 협약을 맺었습니다. 황제 하인리히 5세와 교황 칼리스투스 2세는 주교와 대수도원장직을 성직자가 선출하도록 하되, 선출에 이견이 있을 경우 황제가 중재할 수 있도록 합의했습니다. 또한 성직에 선출된 사람은 먼저 황제로부터 세속적 영지(토지, 통치권)를 부여받아 황제에게 봉신의 의무를 지고, 이후 교회로부터 지팡이와 반지로 상징되는 영적 권한을 수여받도록 합의했습니다.

1125년

요의 멸망

송과 동맹을 맺어 요나라를 협공하던 금나라는 먼저 만주 지역에서 요나라를 몰아냈고, 이어서 2대 태종 때에는 요나라를 멸망시켰습니다.

1126년 이자겸의 난

고려 인종의 외조부이자 장인이었던 **이자겸***이 인종을 독살하려는 음모를 꾸미다가, 척준경과 함께 반란을 일으켰습니다. 궁성이 불타고 민심이 혼란한 가운데, 척준경은 인종의 설득으로 이자겸을 제거하였으나, 이후에도 횡포를 부리다가 **정지상***의 탄핵으로 유배되면서 난은 끝났습니다.

★**이자겸** 둘째 딸이 예종의 비가 된 후, 인종이 즉위하자 셋째 딸과 넷째 딸 역시 비로 삼게 하여 권세와 부귀를 누리며 전횡을 일삼다가 척준경에게 쫓겨 귀양 가서 죽었다.

★**정지상** 시문에 뛰어난 고려 12시인 중의 한 사람으로 꼽히나, 묘청의 난에 연루되어 김부식에게 피살되었다.

1127년 북송의 멸망과 남송의 시작

▲ 정강의 변으로 금나라에 잡혀간 송의 황제 휘종

1126년 금의 공격을 받은 송나라는 금을 '백부伯父의 나라'로 호칭하고 막대한 금은 보화를 제공하기로 하며 화약을 맺었습니다. 그러나 송이 계속 약속을 어기자, 금나라는 1127년 대대적인 침입을 감행하여 수도 카이펑을 함락시켰습니다. 이때 수많은 보화는 물론, 송의 황제 휘종과 흠종을 비롯해 3,000여 명의 포로까지 잡아갔습니다. 이를 가리켜 '정강의 변靖康之變'이라고 하는데, 흠종의 연호가 정강이었기 때문입니다. 이후 흠종의 동생 고종은 남쪽으로 내려가 임안(지금의 항저우)을 도읍지로 삼아 남송을 세웠습니다.

1145년 김부식, 『삼국사기』 편찬

고려 인종 때 김부식이 편찬한 『삼국사기』는 『삼국유사』와 더불어 삼국 시대의 역사를 후대에 전하는 대표적인 역사서입니다. 본기本紀 28권, 지志 9권, 표表 3권, 열전列傳 10권으로 구성되어 있습니다. 유교적인 사관과 신라 중심의 관점으로 기록되었고, 공식적·학문적 역사서로서 중요한 사료로 평가됩니다.

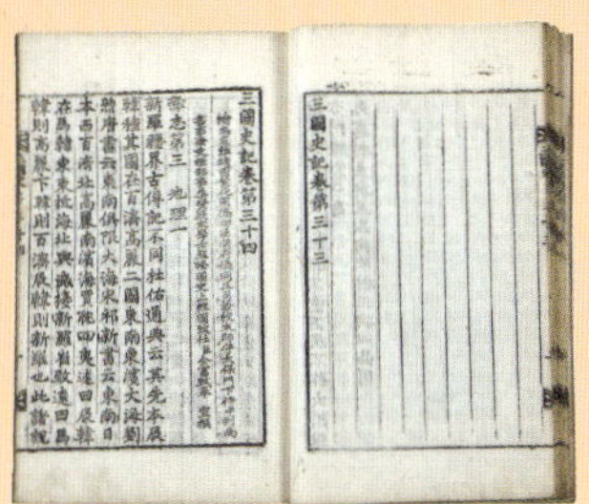
▶ 『삼국사기』

1135년 묘청의 서경 천도 운동

이자겸의 난으로 풍수지리설이 유행하면서 서경 천도 운동이 일어났습니다. 묘청은 서경으로 도읍을 옮기고 금나라를 정벌하고 왕을 황제라고 칭하자는 등의 주장을 펼쳤으나, 김부식을 비롯한 개경파의 반대에 부딪혀 결국 서경 천도 운동은 실패하고 말았습니다. 이에 묘청은 난을 일으켜 나라 이름을 대위大爲, 연호를 천개天開라고 했으나 김부식이 이끄는 관군에 의해 진압되었습니다.

1169년 영국, 아일랜드 정복

잉글랜드의 국왕 헨리 2세는 교황 하드리아누스 4세의 묵인하에 아일랜드를 침입했습니다. 그리고 스스로를 아일랜드의 대군주로 선포했습니다. 교황을 비롯한 교회의 대주교들도 헨리 2세의 아일랜드 침입을 인정해 주자, 아일랜드는 이후 잉글랜드의 영토가 되었습니다.

▲ 시농 성. 헨리 2세는 이곳에서 머무르며 통치했다.

◀ 헨리 2세

1170년 무신정변

정중부, 이의방, 이고 등의 무신이 문을 우대하고 무를 천대하는 고려의 문치주의에 반기를 들고 보현원普賢院에서 반란을 일으켰습니다. 이후 무신들 간의 정권 쟁탈전이 심해지면서 신분제가 흔들리고, 사유지와 사병이 확대되었으며 아랫사람이 윗사람을 무시하는 하극상 풍조가 일어나 점차 국가 기강이 문란해졌습니다.

◀ 춘천의 청평사. 청평사의 이름은 1550년 전까지 보현원이었다.

1176년 망이 · 망소이의 난

고려에는 **향소부곡**鄕所部曲★이라는, 노비나 천민까지는 아니지만 국가가 필요로 하는 물자를 생산하는 하층민이 모여 사는 부락이 있었습니다. 망이·망소이의 난은 충남 공주의 명학소라는 마을에서 살던 망이와 동생 망소이가 굶주린 농민들을 모아 일으킨 반란입니다. 망이·망소이의 난을 1년 반 만에 진압한 조정은 명학소를 충순현으로 승격해 주었습니다.

★**향소부곡** 하급 행정 구획인 향, 소, 부곡을 아울러 이르는 말

▶ 명학소 망이 · 망소이 기념탑

1187년 예루살렘 왕국 멸망

▲ 살라딘의 승리

제2차 십자군 원정은 전설적인 이슬람의 영웅 살라딘에게 참패했습니다. 살라딘은 이집트 파티마 왕조를 무너뜨리고 아이유브 왕조를 세운 인물입니다. 그로 인해 예루살렘은 다시 이슬람 진영이 차지하게 되었고, 제1차 십자군 전쟁의 결과 세워졌던 예루살렘 왕국은 급격히 쇠퇴하여 이후 역사 속으로 사라졌습니다.

1192년경 일본, 가마쿠라 막부 수립

가마쿠라 막부는 일본 최초의 무사 정권입니다. 1192년경 미나모토노 요리토모가 사가미 지방 가마쿠라에 수립한 정권입니다. 이후 일본에서는 무사 계급이 지방 호족으로 성장하게 되었습니다.

▲ 미나모토노 요리토모

1193년 　김사미 · 효심의 난

김사미는 경상도 운문산(지금의 청도)에서, 효심은 초전(지금의 울산)에서 난을 일으킨 뒤, 연합 전선을 펴고 신라의 부흥을 주장했습니다. 이들은 무신 실력자 **이의민**★의 지지를 받은 것으로 알려졌으나, 결국 상장군 최인 등에게 진압되어 김사미는 투항한 뒤 참수당했습니다.

★**이의민** 고려 명종 때의 무신. 천민 출신으로 무신들이 일으킨 정중부의 난에 가담하여 공을 세우며, 권력을 잡기 시작했다. 집권 후에는 권력 남용으로 악명이 높았고 왕위를 노리며 김사미, 효심 등과 내통하기도 했다. 13년 동안 독재하다 최충헌 형제에게 피살되었다.

▲ 청도 운문사. 김사미의 난 본거지이다.

1196년 　최충헌의 장기 집권 시작

천민 출신의 무신 집권자인 이의민을 제거하고 정권을 잡은 최충헌은 권력을 위해 자신의 동생 최충수도 제거했습니다. 교정도감敎定都監을 설치해 무신정권의 실질적인 중앙 통치 기관으로서 국정 전반을 감독하게 했습니다. 최충헌이 세운 최씨 무신정권은 4대에 걸쳐 약 60여 년 동안 지속되었습니다.

▶ 희종의 능. 고려 20대 왕 신종의 장남으로, 최충헌을 제거하려다가 실패하고 폐위당했다.

1198년 　만적의 난

고려 신종 때 개경에서 **사노**私奴★로 있던 만적이 노비들을 모아 '삼한에서 천민을 없애자'는 표어로 노비 신분 해방 운동을 일으켰습니다. 그러나 순정이라는 노비의 밀고로 사전에 발각되어 100여 명의 노비들이 강물에 던져졌습니다.

★**사노** 개인이 부리던 노비. 특히 조선시대에는 주인에 의해 재물처럼 취급되어 매매·상속·증여되기도 했다.

시대를 빛냈던 의인들의 진짜 모습은?

'의인義人'이란 말 그대로 의로운 사람을 뜻합니다. 역사를 공부하며 가장 보람을 느끼는 순간은 역사 속 의인들의 삶을 되새기고 그것을 나의 밑거름으로 삼을 때입니다. 의인은 사사로운 야망에 연연하지 않습니다. 또한 개인의 부와 명예를 위해 불의와 타협하지도 않습니다. 옳다고 판단되면 그 일을 위해 온 힘을 다해 자신을 희생합니다.

당시 권력을 가진 자들은 의인의 삶을 강제로 끊어 놓았지만, 시간이 흐른 뒤 역사는 오히려 그들의 삶을 더욱 선명하게 전해 주어 우리를 숙연하게 만듭니다. 의인의 삶을 탐구하는 것은 우리의 눈과 귀를 밝히는 일이며, 그들의 발자취를 따라가고 추모하는 자세는 역사학도가 걸어야 할 진정한 길입니다. 다음에서는 12세기 동서양을 대표하는 의인들의 삶을 살펴보겠습니다.

이슬람 전사 살라딘, 적에게 자비를 베풀다

살라딘은 티크리트(지금의 이라크 북부)에 있는 쿠르드족 출신의 용감한 전사입니다. 그의 이름은 아랍어로 '정의와 신념'이라는 뜻을 가지고 있습니다. 살라딘에 의해 예루살렘 왕국이 멸망했고 예루살렘을 되찾기 위한 제3차 십자군이 파견되었습니다. 이 십자군은 어느 십자군보다 규모가 컸을 뿐만 아니라, 영국의 사자왕 리처드 1세가 참가해서 살라딘 군대와 일진일퇴의 공방을 벌였습니다. 살라딘의 군대는 군기가 엄격했으며, 살라딘 스스로도 몸을 사리지 않고 전쟁터를 누비고 다니면서 군사들을 격려했습니다.

살라딘은 관대하고 자비로운 사람이었습니다. 십자군 포로를 풀어 주기도 했고, 크리스트교도의 결혼식이 있는 날이라 하여 공격을 하루 늦춘 적도 있었습니다. 그러나 리처드 왕은 살라딘과 대조적으로, 용감하지만 잔인한 정복자의 면모를 보였습니다. 그는 두 차례나 예루살렘 바로 근방까지 진격하는 공격력을 발휘했습니다. 그리고 1191년, 팔레스타인의 아크레를 점령했을 때 2,600명에 달하는 이슬람 전쟁 포로들을 모두 잔인하게 처형했습니다. 그럼에도 불구하고 살라딘은 리처드 왕의 영웅성을 꿰뚫어 보고 그를 아꼈습니다. 실제로 리처드가 전투 중 위기에 처했을 때, 살라딘은 그에게 말을 보내 위기를 모면하게 했다는 이야기가 전해집니다. 이 일을 계기로 리처드 왕의 마음

은 눈 녹듯 훈훈해졌다고 합니다.

결국 살라딘과 리처드 왕은 평화적인 협정을 맺는 데 최종 합의했습니다. 그 내용은 이러합니다. 십자군이 아크레 등 해안 지역을 차지하는 대신, 예루살렘은 이슬람이 지배하되 크리스트교 순례자들이 성지를 자유롭게 방문할 수 있도록 허용한다는 것이었습니다.

의인 살라딘에 의해 살벌한 전쟁 와중에 평화의 꽃이 피어난 것입니다.

남송 항쟁의식의 상징이자 한인의 우상, 악비

허난성 상저우相州 탕인湯陰에서 농민의 자식으로 태어난 악비岳飛는 문에도 힘쓰고 무예에도 뛰어나 훗날 남송을 대표하는 명장이 되었습니다. 북송을 멸망시킨 금이 남송을 끝내 멸하지 못했던 것은 악비나 한세충, 장준과 같은 남송 출신의 무장들이 의용군을 조직하여 끈질기게 항쟁했기 때문입니다. 절도사에 오른 악비의 군대는 승승장구했고, 북으로 진격을 시도하여 후베이성에서 허난성까지 쳐들어 올라갔습니다. 금의 군대도 악비를 두려워하며 "산을 무너뜨리기는 쉬워도 악비의 군대를 무너뜨리기는 정말 힘들다"라고 말할 정도였다고 합니다.

악비는 한족의 자존심을 지킨 민족의 영웅이었습니다. 그러나 그의 승리는 **주화파**主和派*에게 걸림돌이 되었습니다. 결국 고종의 신임을 받은 주화파 진회秦檜가 악비에게 반역의 누명을 씌워 옥에 가둔 다음, 독살해 버리고 말았습니다. 그의 나이 39세였습니다. 악비가 제거된 후 진회가 나선 금과의 화약으로 송은 이제 금의 신하가 되어 정성으로 금을 모시며 매년 은 25만 냥과 비단 25만 필을 바치게 되었습니다.

저장성 항저우에 가면 충신 악비를 기리는 '악왕묘'가 있습니다. 악왕묘는 세 부분으로 나누어져 있는데 그중 충렬사의 대전 안에는 악비의 상이 무려 4.5m 높이로 만들어져 사람들을 내려다보며 화려한 보라색 비단옷을 입고 앉아 있습니다. 그런데 이 악비의 상을 만나기 전에 중국 사람들이 지금까지도 침을 뱉고 지나가는 곳이 한 군데 있습니다. 바로 남송의 재상으로서 악비를 반역자로 몰아 옥에 가둔 후 독살했던 진회와 그의 부인, 그리고 그 심복들의 철상 앞입니다. 이들은 악비 앞에 엎드린 자세로 조성되어 있으며, 화려함과는 거리가 멉니다.

민중의 땀과 피로 이루어낸 재물을 고스란히 금에 바치며 남송인들은 의인 악비를 그리워했고, 악비를 억울한 죽음으로 내몰고 금과 굴욕적인 화약을 맺었던 간인奸人 진회를 원망했습니다. 악왕묘는 악비의 공적을 기리기 위해 세워졌으며, 그로 인해 오늘날까지 극과 극의 참배와 수모라는 전통이 이어지고 있습니다.

▶ 악왕묘

중세 최고의 러브 스토리

서유럽 중세 시대에는 한 시대를 풍미한 유명한 사랑 이야기가 있습니다. 수도사 아벨라르와 수도원장 엘로이즈의 이야기입니다. 12세기 프랑스에서 실제로 있었던 일이며, 오늘날까지 전해지는 것은 라틴어로 된 두 사람의 서간집 덕분입니다. 이 책은 이루지 못한 둘의 애틋한 사연을 열두 통의 편지 형식으로 모아 엮은 것입니다.

아벨라르는 프랑스를 대표하는 신학자이며 저명한 스콜라 철학자로, 안셀무스와 로스켈리누스, 기욤에게서 가르침을 받았습니다. 뛰어난 언변, 깊은 지식, 탁월한 논쟁력으로 명성이 높아 그의 학풍을 배우기 위해 많은 학생들이 몰려들었고 이것이 파리 대학의 기원이 되었습니다. 그런 그에게 파리 대성당 고위 성직자인 풀베르가 어린 조카딸 엘로이즈의 교육을 부탁했습니다.

그런데 인연은 어쩔 수 없는 것일까요? 스승과 제자 사이인 두 사람은 그만 사랑에 빠지고 말았습니다. 두 사람은 아들을 낳게 되자 엘로이즈의 삼촌이 펄펄 뛸 것을 우려하여 비밀리에 결혼했습니다. 하지만 그마저도 곧 탄로 나서 아벨라르는 풀베르가 보낸 사람들에 의해 끔찍한 거세를 당했습니다. 그는 파리 근처에 있는 생 드니 수도원에 들어가 수도사가 되었고, 엘로이즈 역시 원치 않는 방식으로 야르장퇴유 수녀원에 들어가야 했습니다.

그러나 그 후로도 두 사람의 사랑은 아무도 막을 수 없었습니다. 서로 죽을 때까지 편지를 주고받으면서 정신적 사랑을 나누었고, 아벨라르가 세운 파라클레 수녀원에서 엘로이즈는 대수녀원장이 되어 존경받는 성직자로서의 삶을 살았습니다. 죽은 후에도 두 사람은 같은 장소에 나란히 묻혀 못다 이룬 사랑을 이어갔습니다.

이자겸이 인종의 장인이자
외조부가 된 배경은?

고려 사회는 문벌 귀족 사회입니다. 이자겸의 경원 이씨 집안도 그의 조부인 이자연의 세 딸이 문종의 비가 된 이후, 7대에 걸쳐 80여 년 동안 권세를 누렸습니다.

이자겸은 그의 둘째 딸이 예종의 비가 되어 인종을 낳은 후 그 아들 인종이 왕위를 계승하자, 다시 셋째와 넷째 딸을 인종의 비로 들여 왕의 장인이자 외조부로서 막강한 권력을 휘둘렀습니다.

『고려사』에 의하면, 그의 집에는 "뇌물이 수시로 바쳐져서 사방에서 썩어가는 고기가 항상 수만 근이나 되었다"라고 합니다. 그만큼 당시 왕에 버금가는 재산과 권력을 소유했음을 추측해 볼 수 있습니다.

그러나 이자겸은 그 정도로는 만족하지 못했습니다. 왕이 되고 싶었던 겁니다. 그래서 주변 사람들에게 "십팔자위왕十八子爲王(십팔자가 왕이 된다)"이라는 유언비어를 퍼뜨리기 시작했습니다. '십팔자'의 한자를 위에서부터 차례로 합쳐서 써보면 이李씨가 되는데, 즉 이자겸 자신을 가리킨 것이었습니다.

그의 야심은 곧 실행에 옮겨졌습니다. 그는 척준경과 함께 군사를 일으켜 왕을 자신의 집 서원에 가두고, 후에는 인종을 독살하려고까지 했습니다. 또 여러 대신들의 반대를 무릅쓴 채 독단으로 금나라를 큰 나라로 섬기겠다는 사대 정책을 밀어붙였습니다.

인종의 비밀 명령을 받은 최사전이 이자겸과 척준경의 사이를 떼어 놓는 데 성공하면서 이자겸이 척준경에게 제거되고, 척준경 역시 정지상에 의해 유배되어 '이자겸의 난'은 겨우 진압되었습니다. 하지만 이 때문에 왕궁이 불타고 왕권이 추락하면서 고려의 민심이 크게 흔들리게 되었습니다.

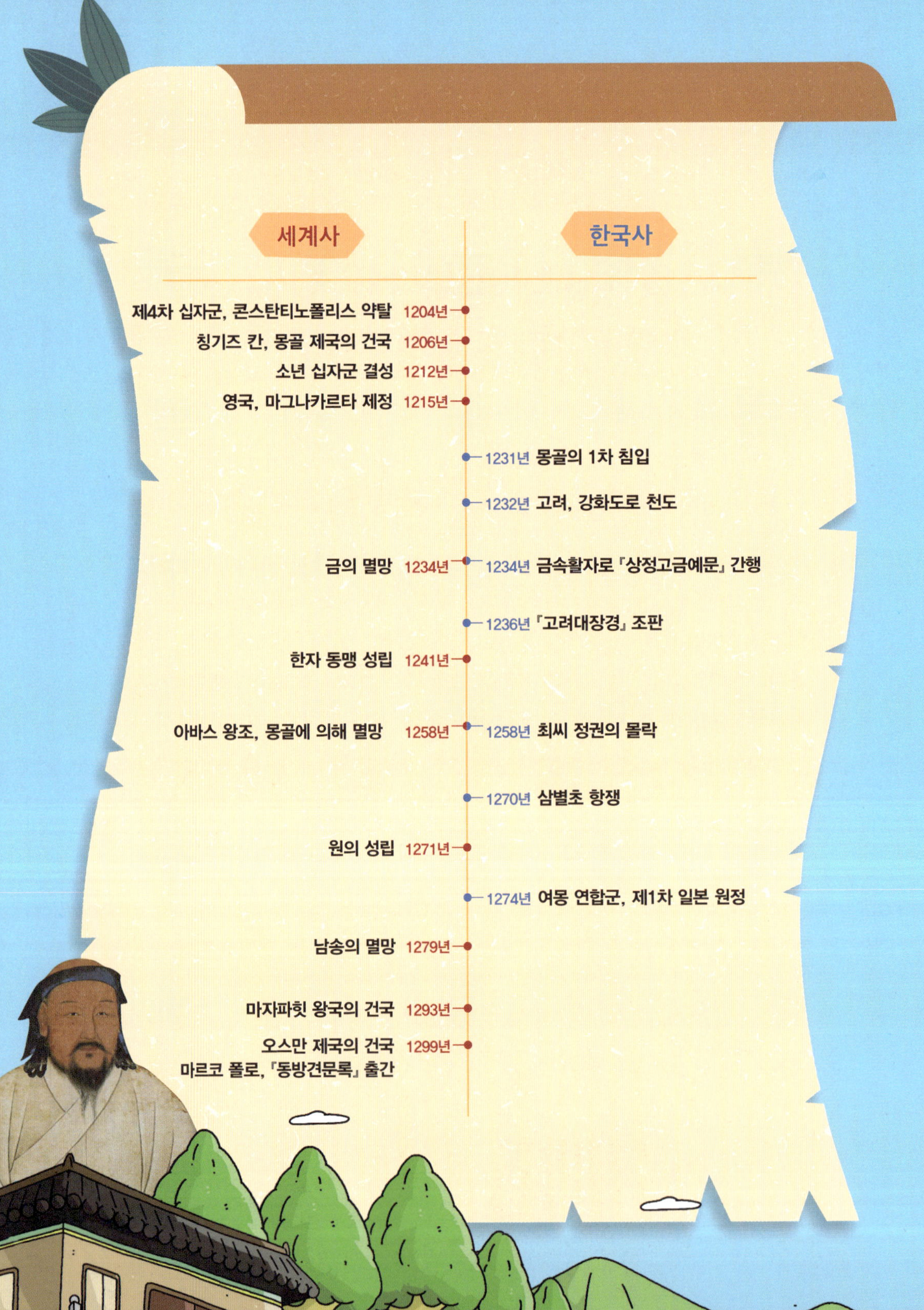

세계사
한국사

제4차 십자군, 콘스탄티노폴리스 약탈   1204년
칭기즈 칸, 몽골 제국의 건국   1206년
소년 십자군 결성   1212년
영국, 마그나카르타 제정   1215년

1231년 몽골의 1차 침입
1232년 고려, 강화도로 천도

금의 멸망   1234년   1234년 금속활자로 『상정고금예문』 간행

1236년 『고려대장경』 조판

한자 동맹 성립   1241년

아바스 왕조, 몽골에 의해 멸망   1258년   1258년 최씨 정권의 몰락

1270년 삼별초 항쟁

원의 성립   1271년

1274년 여몽 연합군, 제1차 일본 원정

남송의 멸망   1279년

마자파힛 왕국의 건국   1293년

오스만 제국의 건국   1299년
마르코 폴로, 『동방견문록』 출간

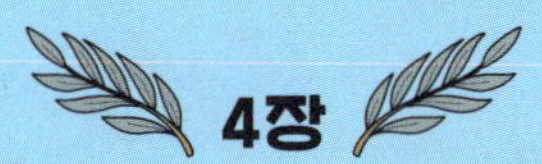

세계 정복으로
동서 교류가 활기를 띠다

13세기는 몽골의 시대였습니다. 몽골의 말발굽 아래 세계는 초토화되었고, 몽골은 세계 역사상 가장 넓은 육상 제국을 건설했습니다. 몽골의 정복 전쟁으로 세계의 시야가 넓어지고 동서 문화 교류 또한 한층 활발해졌습니다. 한편, 같은 시기 제4차 십자군은 종교적 목표보다는 세속적 이익을 좇아 원정 목표였던 이슬람 지역 대신 동로마 제국의 수도 콘스탄티노폴리스를 점령하여 라틴 제국을 세웠습니다. 이슬람 세계에서는 새로운 강자로 부상할 오스만 제국이 건국되었습니다.

우리나라에서도 몽골과의 처절한 전쟁이 이어졌습니다. 고려는 몽골의 침략에 맞서기 위해 수도를 강화도로 옮겨 장기전에 대비했으며, 백성은 물론 노비들까지 온 힘을 다해 항전을 벌였습니다. 이때 부처님의 힘으로 나라를 지키고자 『고려대장경』이 조판되기도 했습니다. 그러나 무신 정권이 무너지고 왕정이 복고되면서 결국 몽골과 강화 조약을 체결할 수밖에 없었고, 수도까지 다시 옮겨야 했습니다. 이후 고려는 자주성을 잃고 원의 간섭과 지배를 받게 되었습니다.

1204년 제4차 십자군, 콘스탄티노폴리스 약탈

십자군 전쟁 가운데 가장 치욕적인 사건은 제4차 십자군(1202~1204) 전쟁이었습니다. 교황 인노켄티우스 3세의 제창으로 시작된 이 원정은 본래 이집트를 목표로 했지만, 베네치아 상인들의 이해관계에 따라 방향이 바뀌었습니다. 십자군은 베네치아 상인들에게 진 전쟁 빚을 청산하는 조건으로, 같은 크리스트교 세력인 비잔티움 제국의 수도 콘스탄티노폴리스를 공격했습니다. 이는 같은 신앙을 가진 이들을 공격한, 역사에 길이 남을 오욕의 사건이었습니다. 그 결과 비잔티움 제국은 몰락했고, 그 자리에 약 60년간 라틴 제국이 세워졌습니다.

1206년 칭기즈 칸, 몽골 제국의 건국

몽골 사막에서 유목 생활을 하며 흩어져 살던 몽골족을 테무친이 통합하여 칸의 자리에 오르면서 몽골 제국이 세워졌습니다. 테무친은 칭기즈 칸의 본명이며 이는 '전 세계의 군주'라는 뜻입니다. 그는 중앙아시아를 정복하고 서하와 금을 공격했으며, 비단길의 요충지였던 호라즘 왕국까지 정복하여 13세기를 몽골의 시대로 만들어 나갔습니다.

▲ 칭기즈 칸 기마상

1212년 소년 십자군 결성

제4차 십자군의 터무니없는 탈선에 분노한 교황 인노켄티우스 3세는 다시금 옛 십자군의 영광을 되살리려 했습니다. 이에 호응하듯 프랑스와 독일에서는 순수한 종교적 열정으로 무장한 '소년 십자군'이 조직되었습니다. 하지만 이 소년들은 악덕 상인들의 꾐에 빠져 마르세유를 비롯한 여러 항구에서 배에 실려 해외로 팔려 가거나 실종되었습니다. 그 숫자만 해도 수천 명에 달했다고 합니다.

1215년 영국, 마그나카르타 제정

영국의 결지왕缺地王 존 왕은 프랑스의 필립 2세와 싸웠다가 프랑스 내에 있던 영국 영토 대부분을 상실했습니다. 교황 인노켄티우스 3세에 괜히 맞섰다가 굴복하는가 하면, 백성에게는 무거운 세금을 부과하는 등 실정을 거듭했습니다. 이에 귀족과 성직자들이 들고 일어나 템스 강변의 러니미드 초원에서 왕에게 63개의 요구 조항에 서명하도록 강요했습니다. 이 문서는 국왕이라도 법을 지켜야 한다는 원칙이 세워졌다는 데에 큰 의의가 있으며, 근대 헌법의 기초가 되었습니다.

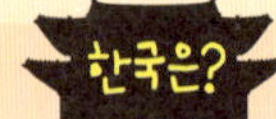

1231년 몽골의 1차 침입

몽골은 **저고여 피살 사건***의 책임을 물어 고려에 1차 침입을 감행했습니다. 이 침입으로 서경이 함락되고 개경이 포위되었습니다. 이때 박서 장군은 귀주에서 끝까지 몽골군을 상대로 항전했습니다. 그러나 개경이 포위되자 고려 왕실은 몽골과 강화 조약을 맺었고, 몽골은 고려를 감시하기 위해 **다루가치*** 72명을 각지에 파견한 뒤 철수했습니다.

★**저고여 피살 사건** 고려 고종 12년, 우리나라에 왔던 몽골의 사신 저고여가 본국으로 돌아가다가 여진족의 습격을 받아 살해된 사건. 몽골은 이것을 고려 침입의 구실로 삼았다.

★**다루가치** 원이 고려의 점령 지역에 파견한 관리. 그 지역의 백성들을 직접 다스리거나 내정에 관여했다.

1232년 고려, 강화도로 천도

몽골에 끝까지 저항할 것을 결심한 고려의 무신 집권자 **최우**★는 다루가치를 축출한 뒤, 강화도 천도를 단행했습니다. 강화도는 진흙 갯벌이 많아 기마병 위주의 몽골군이 상륙하기 어려운 지형을 갖추고 있었습니다. 이것은 고려 무인의 항전 의지를 보여 주는 조치였으며, 또한 육상 전투에 익숙한 몽골군이 해전을 두려워한다는 점을 고려해 장기전에 대비한 전략적 선택이었습니다.

★**최우** 최충헌의 아들로 강화 천도를 이끌었다. 후에는 사치와 횡포가 심해져 백성들의 큰 원망을 샀다.

1234년 금의 멸망

북송을 멸망시키고 화베이 지방을 장악하며 중국의 강자로 군림하던 금나라가 몽골 제국의 침입으로 결국 멸망했습니다. 금의 마지막 황제인 제9대 애종은 카이펑이 함락되자, 이곳을 탈출하여 차이저우泰洲까지 도망갔으나 몽골과 남송 연합군에게 포위되어 스스로 목숨을 끊었습니다.

1234년 금속활자로 『상정고금예문』 간행

정식 명칭은 『상정예문詳定禮文』입니다. 고려 인종 때 최윤의 등이 왕명에 따라 예로부터 전해 내려오는 예의와 관련된 자료를 모아 모두 50권으로 엮어낸 책입니다. 이규보가 지은 『동국이상국집』에는 이 책이 금속활자를

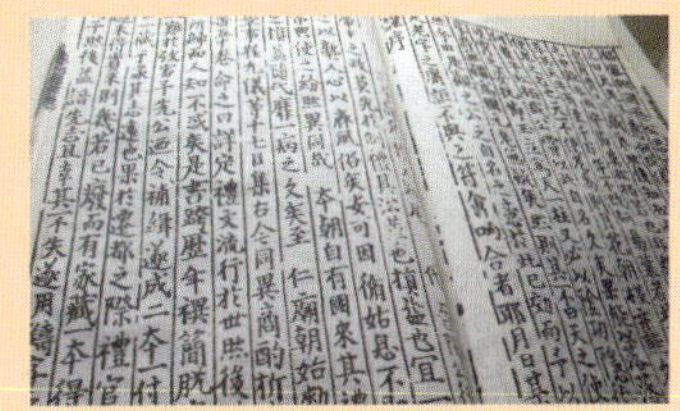

▲ 『동국이상국집』 일부

이용해 최초로 인쇄된 책으로 기록되어 있습니다. 이는 15세기에 독일의 구텐베르크가 금속활자를 발명하기 200여 년 전의 일입니다.

1236년 『고려대장경』 조판

부처의 힘으로 몽골의 침입을 막기 위해, 고종 23년(1236년)에 강화도에 대장도감을 설치하고 조판을 시작해 1251년 완성했습니다. 고려청자, 금속활자와 함께 고려가 가장 자랑하는 3대 문화유산 중에 하나입니다.

▶ 합천 해인사 대장경판. 『팔만대장경』이라고도 한다. 2007년 유네스코 세계 기록 유산으로 지정되었다.

1241년 한자 동맹 성립

한자 동맹은 중세 북유럽의 상업권을 장악했던 발트해 연안과 북해 주변의 북독일 도시들이 맺은 동맹을 말합니다. 여기서 '한자Hansa'란 '집단'을 뜻하는 말입니다. 처음에는 뤼베크를 중심으로 결성되었으나 점차 규모가 커지면서 경제적·정치적 연합으로 발전했고, 여러 상업적 이권을 독점하게 되었습니다. 이 한자 동맹에 속한 도시의 수는 시대마다 달랐지만, 전성기에는 무려 100여 곳에 이르렀다고 합니다.

아바스 왕조, 몽골에 의해 멸망

칭기즈 칸의 손자 훌라구의 공격으로 바그다드가 함락되면서 아바스 왕조의 칼리프 정권이 멸망했습니다. 몽골은 이 지역에 훌라구 울루스를 세웠으며, 수도를 타브리즈로 정하고, 서아시아에서 중앙아시아에 이르는 광활한 지역을 통치했습니다. 특히 재상인 라시드 웃딘이 편찬한 『집사集史』는 몽골사 연구의 중요한 사료이자 세계 최초의 세계사로 평가받고 있습니다. 이 책은 몽골의 세계 정복이 낳은 귀중한 문화적 유산이라고 할 수 있습니다.

1258년　최씨 정권의 몰락

최충헌부터 최우, 최항, 최의에 이르기까지 4대 60여 년 동안 이어진 최씨 정권은 교정도감과 정방 같은 집권 기구를 운영하며, **교정별감***을 세습하고 정방을 통해 인사권을 장악하면서 권력을 독점했습니다. 삼별초도 처음에는 최우에 의해 최씨 정권의 사병 조직인 야별초에서 출발했습니다. 그러나 최의가 김준과 유경 등에 의해 피살되면서 오랫동안 권력을 누렸던 최씨 정권은 무너졌습니다.

★**교정별감** 관리의 임면이나 감찰을 총괄하던 최고 권력기관인 교정도감의 으뜸 벼슬. 최충헌이 교정도감을 설치한 이후 역대 무인 집권자들이 독점적으로 세습하며 권력을 장악했다.

1270년　삼별초 항쟁

삼별초는 방범을 위해서 설치한 좌별초와 우별초, 그리고 몽골에게 붙잡혔다가 탈출해 온 사람들로 구성된 신의군을 합쳐 부르는 말입니다. 별초란 '용사들로 조직된 선발군'이라는 뜻입니다. 무신 정권이 무너지고 왕정이 복고되면서 몽골의 요구로 개경 환도가 단행되자, 몽골과 가장 열심히 싸웠던 삼별초는 격렬히 저항하며 배중손의 지휘하에 항쟁을 시작했습니다. 배중손의 죽음 이후에는 김통정이 지휘를 이어받아, 진도를 거쳐 제주도까지 건너가 끝까지 항전했지만 결국 여원麗元 연합군에 의해 진압되고 말았습니다.

1271년　원의 성립

몽골 제국의 4대 칸인 몽케가 쓰촨성에서 남송을 공격하던 중 뜻하지 않게 사망하자, 칭기즈 칸의 손자인 쿠빌라이가 중국의 카이펑에서 몽골 제국의 5대 칸으로 즉위했습니다. 그는 1271년 국호를 '대원'이라 정하고, 도읍을 연경으로 옮겨 '대도'라 칭했습니다. 그가 원의 시조인 세조 쿠빌라이입니다.

1274년　여원 연합군, 제1차 일본 원정

원나라는 일본 원정을 위해 고려에 여원麗元 연합군을 편성하게 하고, 원정을 총 지휘하는 정동행성을 설치했습니다. 군량미 조달, 군선 제작, 군인과 무기 준비 등 대부분의 부담을 고려가 떠맡아야 했습니다. 그러나 1274년에 파견한 제1차 일본 원정은 물론, 1281년의 제2차 일본 원정도 모두 태풍으로 인해 실패했습니다.

남송의 멸망

원나라의 쿠빌라이는 남송에 파견한 사절단이 소홀한 대접을 받고 억류되자 분노하여 남송을 정벌하기로 결심합니다. 1276년 드디어 수도 임안을 함락하고 남송 황제인 공제의 항복을 받았습니다. 그러나 남송의 대신들은 어린 소황제를 데리고 나와 끝까지 저항했습니다. 1279년 광주만의 애산 전투에서 원군에게 크게 패하면서 결국 남송은 멸망했습니다.

▲ 쿠빌라이 칸

마자파힛 왕국의 건국

마자파힛*은 자바섬 동부에서 성립한 최후의 인도식 힌두교 왕국입니다. 마자파힛 왕국을 세운 사람은 싱가사리 왕국의 왕자인 비자야입니다. 강력한 해군력과 해상 교역을 바탕으로 자바 해역을 장악했습니다. 14세기에 전성기를 맞아 인도네시아와 말레이시아 일부 지역까지 세력을 넓혔으나, 이후 이슬람 세력이 강해지면서 역사의 뒤안길로 사라졌습니다.

★**마자파힛** 모조파이트라고도 한다. 인도네시아, 자바섬 동부를 중심으로 번영한 인도 자바 시대 최후의 왕국이다.

오스만 제국의 건국

제국을 건국한 사람이 오스만 1세라 제국의 이름도 오스만 제국이 되었습니다. 그는 서부 아나톨리아를 중심으로 튀르크족을 통합해 세력을 확장해 나갔고, 셀주크 튀르크 제국의 뒤를 이어 이슬람 세계를 이끄는 대제국을 건설했습니다. 오스만 제국은 그 영토가 아시아, 아프리카, 유럽의 3대륙에 걸쳐 있었으며, 비잔티움 제국을 멸망시킨 대국으로 성장했습니다.

마르코 폴로, 『동방견문록』 출간

마르코 폴로는 이탈리아 베네치아 출신으로, 1271년 원나라에 건너가 세조 쿠빌라이 아래에서 1295년까지 17년간 머물다가 돌아온 인물입니다. 이탈리아로 돌아온 뒤 그는 베네치아와 제노바의 전쟁에서 포로가 되어 감옥에 갇히게 되었고, 그곳에서 만난 피사 출신 작가 루스티첼로에게 자신의 경험담을 구술했습니다. 이 경험담은 『세계의 서술Divisament dou Monde』이라는 제목으로 책이 발간되었으며, 콜럼버스를 비롯한 수많은 유럽인들이 이 책을 읽고 동방 무역에 큰 관심을 가지게 되었습니다. 이는 신항로 개척의 중요한 자극제가 되었지요. 훗날 이 책은 일본에서 처음 『동방견문록』이라는 제목으로 번역되었고, 우리나라에도 전해졌습니다.

▲ 마르코 폴로가 쿠빌라이를 만나는 장면

▶ 마르코 폴로

어떤 전략이
승리를 가져올까?
전쟁의 기술!

13세기는 몽골 제국이 세계를 정복하던 시기였습니다. 몽골 제국은 세계사에서 가장 광대한 영토를 차지한 최대 제국으로 기록되어 있습니다. 13세기에 몽골군은 가는 곳마다 승리를 거두었습니다. 그들의 전쟁 전략에는 과연 어떤 비밀이 숨어 있는 걸까요? 어떻게 철제 갑옷으로 중무장한 유럽 군대조차도 단숨에 무찌를 수 있었을까요?

이처럼 강적을 물리친 용맹한 인물이 우리나라에도 있었습니다. 고려의 박서 장군인데요. 박서 장군은 어떤 전략을 사용했기에 당시 세계 사람들을 공포에 몰아넣었던 몽골군의 침입을 막아낼 수 있었을까요? 지금부터는 몽골군의 특징과 전략, 그리고 그들에 맞섰던 박서 장군에 대해 탐구해 보겠습니다.

완벽한 무장과 공포 전술로 세계 제국을 이루다

어려서부터 초원에서 말을 타며 성장한 몽골의 전사들은 달리는 말 위에서도 몸을 완전히 뒤로 돌려 사정거리 100m에 이르는 단궁을 정확히 쏠 수 있었습니다. 한 명, 100명, 1,000명 단위로 편성된 천호제에 따른 기마병으로 구성된 몽골군은 매우 민첩하고 용감했으며, 속도전에도 강했지요. 그들은 눈보라가 몰아칠 때는 양가죽으로 만든 방한도구에 의지해 잠을 청했고, 식량이 떨어져 방법이 없을 때는 말의 혈관을 뚫어 피를 빨아먹는 기민함으로 전쟁에 임했습니다.

이와 함께 몽골은 공포 전술을 적극 활용했습니다. 대표적으로 칭기즈 칸은 사마르칸트를 수도로 하는 호레즘을 정복할 때 3만 명에 달하는 군사를 모두 죽이고, 아이와 여성을 노예로 팔아 버린 다음 도시의 모든 건물을 불태워 버렸습니다. 전과를 과시하기 위해 해골로 탑을 쌓기도 했고, 화살막이로 포로를 앞세우기도 했습니다. 그들은 투석기나 쇠뇌 같은 무기는 물론 사다리와 끓는 기름까지 준비했고, 흐르는 강물을 역류시키거나 협조자를 첩자로 활용하기도 했습니다. 이러한 전술을 바탕으로 몽골은 인접한 육지를 넘어 세계 최대 규모의 대제국을 건설했습니다.

몽골군에 맞선 박서의 탁월한 전략

1231년 몽골이 고려에 제1차 침입을 감행했을 때, 박서는 서북면의 병마사였습니다. 몽골군은 어느새 박서가 지키고 있던 귀주까지 공격해 왔습니다.

몽골군은 심리전을 펼쳐 박서의 투항을 유도했습니다. 포로가 된 고려인을 박서에게 보내 항복을 권유하는가 하면, 각종 무기들을 총동원하여 공격했습니다. 그럴 때마다 박서는 갖은 묘책을 짜내어 몽골군을 막아냈습니다. 몽골군이 망루가 있는 수레인 '누거'를 소가죽으로 덮어씌운 다음 그 안에 군사들을 숨겨 성으로 접근해 왔을 때는 끓는 쇳물을 부어 그 누거를 녹여 버렸고, 또 몽골군이 투석기로 큰 돌을 날려 성을 공격할 때에는 박서도 역시 성 위에서 포차를 이용해 돌

을 던지면서 적극 공세를 펼쳤습니다. 특히 몽골군이 사람에게서 짜낸 기름으로 섶을 적셔 두껍게 쌓은 뒤 불을 질러 끊임없이 공격하는 공포 전술을 펼쳤을 때는 물에 푹 젖은 진흙을 단 활을 쏘아 불을 진화했습니다.

박서 장군이 지휘한 귀주에서의 항전은 몽골군에게도 큰 인상을 남겼습니다. 30일 만에 귀주에서 물러나던 몽골군의 한 노장이 이렇게 말했다고 합니다.

"내가 어릴 때부터 수많은 격전지에서 종군하며 성을 공격하는 전투에도 참여했지만, 이처럼 맹렬한 총공격을 받고도 끝내 항복하지 않은 성은 처음 보았다. 저 성을 지켜 낸 장수들은 훗날 반드시 명장이 될 것이다."

스콜라 철학과
토마스 아퀴나스의 상관관계

중세 시대에 명성이 높았던 스콜라 철학자 에리우게나, 안셀무스, 아벨라르는 물론, 알베르투스 마그누스와 그의 제자이자 불후의 명작인 『신학대전』을 지은 토마스 아퀴나스는 모두 파리 대학, 독일의 여러 대학, 옥스퍼드 대학 등에서 신앙과 관련한 철학을 연구하고 학생들을 가르치던 교수들이었습니다. 중세 스콜라 철학은 그레고리우스, 암브로시우스, 아우구스티누스를 비롯한 교부들이 연구한 교부 철학을 바탕으로, 크리스트교 신앙을 보다 심오하고 체계적이며 이성적인 사유를 통해 발전시킨 학문이었습니다.

특히 십자군 전쟁을 통해 유럽에 다시 전해진 고대 그리스 아리스토텔레스의 철학은 스콜라 철학에 깊은 영향을 주었고, 그중에서도 토마스 아퀴나스는 아리스토텔레스의 철학적 사유 방식을 신학에 접목시키려고 했습니다.

파리 대학에서 수학하던 시절에 '벙어리 황소'라는 별명으로 불렸던 토마스 아퀴나스와 관련한 일화가 전해집니다. 그가 큰 재목임을 알아본 그의 스승 알베르투스가 이렇게 말했습니다.

"몸집이 크고 말수가 적어 우리는 이 사람을 벙어리 황소라 부르지만, 그가 앞으로 학생들을 가르친다면 그 울음소리는 전 세계에 울려 퍼질 것이오."

그 말은 그대로 실현되었습니다. 토마스 아퀴나스는 사후에 성인으로 추앙받았을 뿐만 아니라, 중세의 가장 위대한 스콜라 철학자로 지금까지도 평가받고 있습니다. 토마스 아퀴나스는 신앙에서 이성을 분리해 내는 사유 방식을 통해 신앙과 이성의 조화를 추구했습니다. 그는 신이 인간의 믿음을 더욱 완전하게 하기 위하여 자유 의지를 부여했다는 주장을 했으며, 이를 반박하는 신학자들과의 그 어떠한 논쟁도 피하지 않았습니다. 그의 이성적 사유와 논쟁 방식은 근대 철학의 토대를 세우는 데 크게 기여했습니다.

우리의 빛나는 문화유산, 『고려대장경』

『고려대장경』은 현종 때 거란의 침입을 부처의 힘으로 막기 위해 조판한 『초조대장경』이 몽골군의 침입으로 불타버리자, 강화도 전등사에 대장도감을 설치하고 장장 16년 동안 깎고 다듬어 다시 만들어 낸 것입니다. 부처의 가르침을 8만여 장의 나무판에 새겨 넣어 완성하여 팔만대장경이라고도 불리는 『고려대장경』은 수백 년이 지나도 판목이 뒤틀리거나 곰팡이가 피거나 썩지 않아 현재 유네스코 세계기록유산으로 지정되었을 정도입니다. 과연 어떤 방식으로 조판했기에 이렇게 오래 보존될 수 있었을까요?

여기에는 그럴 수밖에 없는 이유가 숨어 있습니다. 판목을 3년 동안이나 바닷물에 담근 다음, 그늘에 말리고, 큰 가마솥에 넣고 찐 후에 다시 말리고 옻칠을 하는 정성스러운 작업을 수차례 거쳤기 때문입니다. 판목 재질은 한때 자작나무로 알려졌으나, 최근 판목의 표본을 면밀히 조사해 본 결과 79%가 산벚나무와 돌배나무였다고 합니다.

판목에 새겨진 글자의 아름다움은 보는 이의 감탄을 자아냅니다. 한 면에 23행, 한 행에 14자, 전후 양면에 644자를 새겨 넣었는데, 이렇게 만들어진 경판은 8만 1,258판 1,511부 6,802권으로 합천 해인사 장경판고에 보관되어 전해져 내려오고 있습니다. 무게만 280톤이며 글자 수만 5,200만여 자에 달합니다.

붉은오름의 전설로 남은 삼별초

개경 환도를 거부하고 항몽의 깃발을 높이 든 삼별초는 배중손의 지휘 아래 현종의 여덟째 손자인 승화후 온을 왕으로 추대하고, 1천여 척의 배에 재물과 그들을 따르는 백성들을 싣고는 전라도 진도에 들어가 대몽항쟁의 근거지로 삼았습니다. 진도에서 삼별초는 용장성을 거점으로 방어시설과 궁궐, 관아를 세우고 정부로서의 모습을 갖춰가기 시작했습니다. 또 남해 일대의 제해권을 장악했으며, 한때 거제, 탐라 등의 30여 개의 섬을 지배하여 하나의 해상왕국을 이루기도 했습니다.

도쿄대학교 사료 편찬소에서 발견된, 1271년 일본의 막부가 삼별초에 보낸 것으로 추정되는 문서는 당시 삼별초와 일본 간의 교류 관계를 짐작하게 해줍니다. 그러나 여원 연합군은 결국 진도를 함락했고, 배중손이 죽음에 이르자 김통정은 남은 부대를 이끌고 제주도까지 내려가 2년 동안 항전을 계속했습니다. 제주도의 항파두리 성터는 김통정이 마지막 항전의 거점으로 삼은 곳이었습니다. 하지만 김방경과 홍다구가 이끄는 여원 연합군을 끝내 이길 수 없자, 김통정은 남은 부하 70여 명과 함께 최후의 결전을 치른 뒤 결국 스스로 목숨을 끊었습니다. 그들이 목숨을 끊은 자리에는 삼별초군의 피가 점점으로 퍼져 주변 흙이 붉게 물들었다고 전해집니다. 사람들이 이를 가리켜 '붉은오름(적악)'이라고 부르게 되었고 지금까지도 가슴 아픈 이야기로 전해져 내려옵니다.

▲ 용장성. 삼별초를 이끌던 배중손이 쌓은 산성이다.

2부

근대화의 시작, 근대 국민국가가 수립되다

서양사에서 14세기부터 19세기까지를 '근대'라고 합니다. 이 시기에 서양은 르네상스, 종교 개혁, 과학 혁명 등을 거치며 근대 사회로 나아갔습니다.

15세기 말부터 신항로 개척에 나선 유럽의 군사·재정 국가들은 중상주의 정책을 통해 아메리카, 아프리카, 아시아 등지에 식민지를 만들어 상품 시장과 원료 공급지로 삼으며 자본을 축적했고, 식민지 확보 전쟁을 벌였습니다. 영국에서는 시민 혁명이 성공하면서 세계에서 가장 먼저 산업 혁명이 일어났고 이로 인해 전 세계에 산업화가 확산되었습니다. 프랑스 혁명은 유럽과 라틴아메리카에 영향을 주어 각지에 근대 국민국가가 수립되었습니다.

북아메리카에서는 독립혁명이 일어나 미국이 강대국으로 성장해 갔습니다. 유럽의 침탈을 받아 고통을 겪던 아시아와 아프리카에서도 민족 운동이 일어나며 근대 국가를 수립하기 위한 노력이 활발히 전개되었습니다.

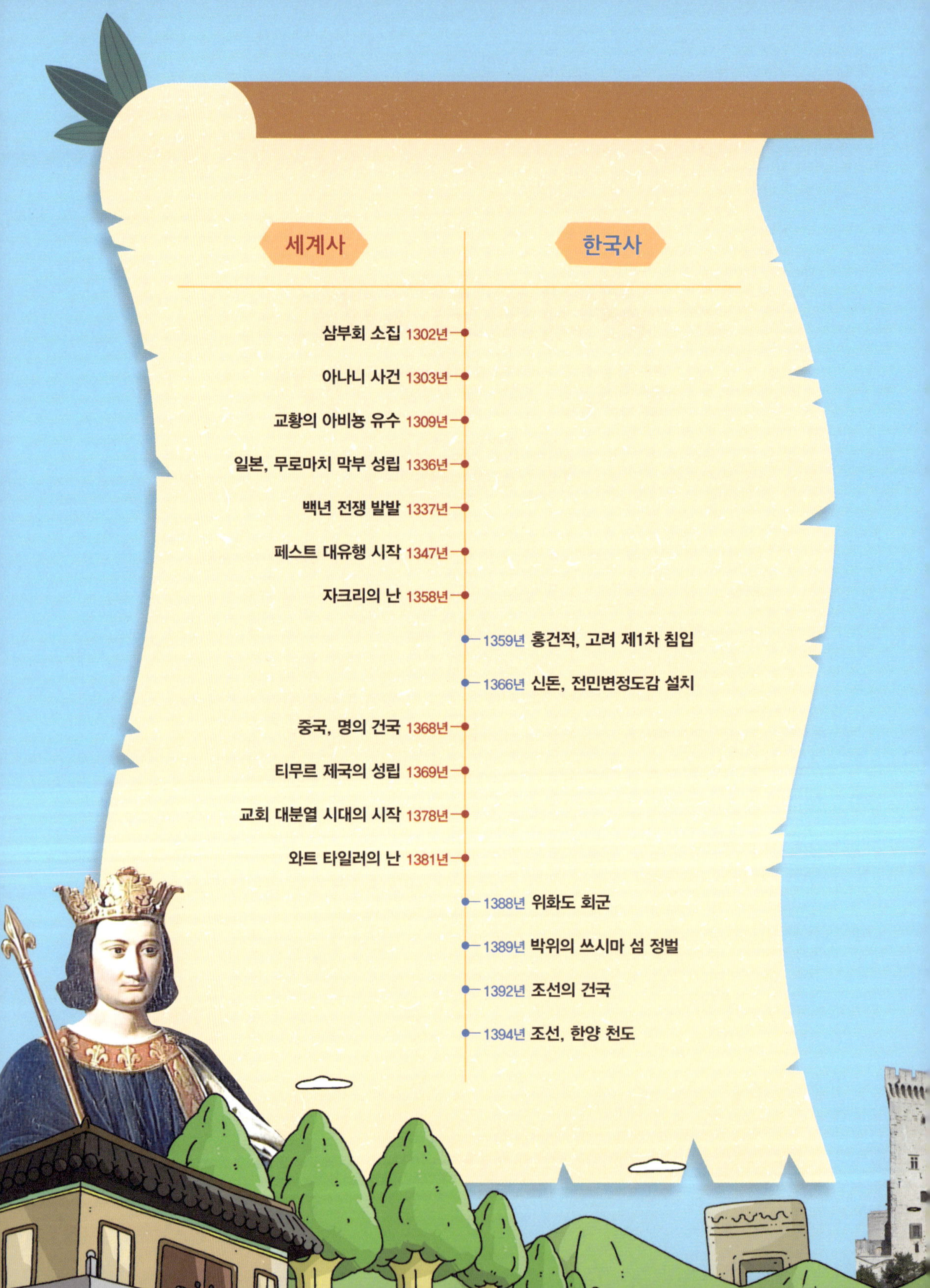

세계사
한국사

삼부회 소집 1302년
아나니 사건 1303년
교황의 아비뇽 유수 1309년
일본, 무로마치 막부 성립 1336년
백년 전쟁 발발 1337년
페스트 대유행 시작 1347년
자크리의 난 1358년

1359년 홍건적, 고려 제1차 침입
1366년 신돈, 전민변정도감 설치

중국, 명의 건국 1368년
티무르 제국의 성립 1369년
교회 대분열 시대의 시작 1378년
와트 타일러의 난 1381년

1388년 위화도 회군
1389년 박위의 쓰시마 섬 정벌
1392년 조선의 건국
1394년 조선, 한양 천도

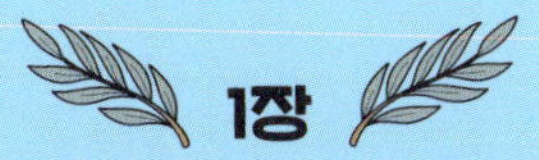

중세에서 근대로
나아가다

14세기는 새로운 국가가 세워지고 전통문화가 발전한 시기였습니다. 서유럽에서는 교회가 대분열 시대를 맞으면서 중세 사회가 점차 막을 내리고 있었습니다. 유럽을 공포에 몰아넣었던 흑사병은 유럽 전체 인구의 3분의 1가량을 감소시켜 결국 노동력 부족을 초래했고, 이는 장원의 해체를 촉진했습니다. 또한 인간의 존엄성을 인식하는 분위기가 확산되면서, 이탈리아에서는 인문주의자들이 그리스·로마의 고전을 연구하며 문예 부흥이 시대적 조류로 자리 잡기 시작했습니다.

중국에서는 원이 멸망하고 명이 건국되어 나라를 통일했습니다. 일본에서는 무로마치 막부가 성립했고, 서아시아에서는 티무르 제국이 세워져 이슬람 세계의 새로운 강자로 떠올랐습니다.

14세기 말, 우리나라에서는 고려가 멸망하고 조선이 건국되었습니다. 홍건적과 왜구를 격파하며 신흥 무인으로 명성을 얻은 이성계는, 부패한 고려를 개혁하려는 신진사대부와 손을 잡고 새로운 나라 조선을 세웠습니다.

1302년 삼부회 소집

프랑스 국왕 필리프 4세가 교황 보니파키우스 8세의 대칙서大勅書에 맞서기 위해 **삼부회三部會***를 창설해 소집했습니다. 대칙서에는 교황의 승인 없이 성직자에게 세금을 부과하면 누구든지 자동으로 파문된다는 내용이 있었습니다. 노트르담 대성당에서 소집된 삼부회는 교회에 세금을 부과하겠다는 필리프 4세를 전면적으로 지지함으로써 왕권이 강화되었습니다.

▶ 필리프 4세

★삼부회 제1신분은 성직자, 제2신분은 귀족, 제3신분은 평민 대표로 구성된 프랑스의 신분제 의회. 1302년에 성립했으나 1614년 이후 한 번도 개최되지 않았다. 1789년 175년 만에 개최되었으나, 투표 방식을 둘러싸고 분규가 일어나 프랑스 혁명의 실마리가 되었다.

1303년 아나니 사건

교황 보니파키우스 8세와 대립각을 세우던 필리프 4세는 측근이자 법학자인 기욤 드 노가레를 이탈리아의 **아나니 별장***으로 보내 그곳에서 머물고 있는 교황을 습격해 프랑스로 납치했습니다. 교황은 납치 3일 만에 구출됐으나 그 충격으로 인해 결국 숨졌고, 교황과 국왕의 갈등은 이후 더욱 심화됐습니다.

★아나니 별장 1303년 9월, 로마 동남쪽의 아나니에서 필리프 4세가 교황 보니파키우스 8세를 감금하고 퇴위를 강요한 사건이 일어난 곳이다. 아나니 사건은 교황의 동의 없이 프랑스 내 교회에 세금을 부과한 데서 발단했다.

1309년 교황의 아비뇽 유수

아비뇽 유수幽囚란, 보니파키우스 8세에 이어 필리프 4세의 영향으로 교황에 선출된 프랑스 남부 아키텐 지방 출신의 클레멘스 5세가 끝내 자신을 추대한 필리프 4세의 강권에 못 이겨 교황청을 아비뇽으로 옮긴 사건을 말합니다. 이는 고대 유대인들이 신바빌로니아 왕국으로 강제 이주했던 사건 '바빌론 유수'에 빗댄 표현입니다. 이로 인해 모두 일곱 명의 교황이 약 70년간 아비뇽에 머무르면서, 교황의 위엄은 크게 추락했습니다.

▶ 아비뇽 교황청

1336년 일본, 무로마치 막부 성립

무로마치 막부는 가마쿠라 막부에 이어 60여 년간 지속되었던 남북조의 분열기가 끝나면서 성립한 막부입니다. 일본 교토의 무로마치 지역에 궁전을 세웠기 때문에 무로마치 막부라고 합니다. 아시카가 다카우지가 겐무 정권을 무너뜨리고 세웠으며, 오다 노부나가에 의해 멸망할 때까지 200년 이상 동안 존속했습니다.

▲ 아시카가 다카우지

1337년 백년 전쟁 발발

백년 전쟁(1337~1453)은 영국과 프랑스가 100년 가까이 싸웠던 전쟁입니다. 전쟁의 발단은 프랑스 왕위 계승 문제에서 비롯되었습니다. 프랑스에서 카페 왕조가 샤를 4세를 끝으로 단절되면서 그의 사촌인 발루아 왕가의 필리프 6세가 왕위에 올랐습니다. 그런데 영국의 플랜태저넷 왕가의 에드워드 3세가 자신의 어머니가 카페 왕조 출신이므로 왕위 계승권이 있다고 주장하면서, 두 나라는 전쟁으로 치닫게 되었습니다. 처음에는 시종일관 영국이 우세했습니다. 영국군 궁수들이 활약한 1346년 크레시 전투, 프랑스 국왕 장 2세를 생포했던 1356년 푸아티에 전투, 헨리 5세 휘하 6,000여 명의 영국군이 2만 5,000여 명의 프랑스군을 격파한 1415년 아쟁쿠르 전투 등에서 모두 큰 승리를 거두었습니다. 그러나 천사의 계시를 받았다는 10대 소녀 **잔 다르크***의 활약으로 전세는 역전되기 시작했습니다. 전쟁의 최종 승리는 프랑스에 돌아갔고, 프랑스는 오늘날의 국경선을 확보할 수 있게 되었습니다.

★**잔 다르크** 프랑스의 애국 소녀. 백년 전쟁 당시 16세의 나이로 전쟁에 출전해 영국군 포위를 뚫고 진두에 섰다. 오를레앙 성을 되찾았다.

1347년 페스트 대유행 시작

14세기 중엽, 유럽은 죽음의 공포가 가득했습니다. 크림 반도의 식민 도시 카파에서 몽골군과 전투를 치른 뒤 배를 타고 돌아온 제노바 공화국 병사들이 무서운 페스트균에 감염된 채 입항하면서 흑사병이 확산되기 시작했습니다. 1348년 이탈리아 피렌체에서만 10만여 명이 **흑사병**黑死病*으로 사

★**흑사병** 오한·고열·두통·권태·현기증 등의 증상을 보이다가 결국 사망에 이르는 전염병이다. 몽골군은 일종의 생물학전 형태로, 페스트로 죽은 시신을 투석기로 적진에 던져 전염을 확산시켰다.

▲ 피터 브뤼겔의 〈죽음의 승리〉. 페스트 대유행으로 공포와 혼란에 빠진 유럽의 모습을 표현했다.

망했고, 2년 사이에 이탈리아 인구 중 약 60%가 흑사병으로 목숨을 잃었으며 같은 시기 영국의 인구도 약 45%가 사망했습니다. 이처럼 흑사병의 대유행은 유럽 인구를 급격히 감소시켜 심각한 노동력 부족을 초래했고, 이는 장원의 해체를 촉진했습니다.

자크리의 난

자크리^{The Jacquerie}의 난은 백년 전쟁 당시 프랑스에서 귀족의 착취와 무거운 세금 등에 항거하여 일어난 농민 반란입니다. 귀족들이 농민들을 업신여겨 '촌뜨기'라는 뜻의 '자크'라고 부른 데서 유래했습니다. 처음 파리 북부 보베 지역 근처에서 봉기하여 기욤 칼을 중심으로 단합하였고, 곧 전국으로 확산되었습니다. 한때 에티엔 마르셀이 이끄는 파리 반란군과 힘을 합쳐 그 기세가 대단했으나 **나바라**[★]의 왕 카를로스 2세 등에 의해 진압되었습니다. 자크리의 난에 가담한 농민들은 무참히 학살되었습니다.

★**나바라** 에스파냐와 프랑스에 걸친 나바라 지방에 건국된 바스크인의 왕국

▲ 자크리의 난

1359년

홍건적, 고려 제1차 침입

홍건적^{紅巾賊}은 머리에 붉은 두건을 두른 도적의 무리로, 원나라 말기에 발생해 활동한 세력입니다. 원나라 말기 홍건적은 주로 한족 출신으로 원에 항거하여 일어났는데, 14세기 1359년과 1361년 두 차례에 걸쳐 국경을 넘어 고려에 대대적으로 쳐들어왔습니다. 1359년 제1차 침입 때는 **개경**[★]이 함락되어 공민왕이 안동까지 피난을 갔는데, 이때 이승경과 이방실 등이 이끄는 고려군에 의해 격퇴되었습니다.

한국은?

★**개경** 경기도 개성의 옛 이름. 고려 태조 왕건이 즉위 이듬해에 궁궐을 세우고 도읍으로 정한 곳이다.

1366년

신돈, 전민변정도감 설치

고려 31대 임금 공민왕은 왕권의 강화를 위해 승려를 등용하여 개혁 정치를 실시했습니다. 이 과정에서 **전민변정도감**[★]이 세워졌는데요. 승려 신돈^{辛旽}은 스스로 전민변정도감의 판사가 되어 억울하게 권문세족들에게 붙잡혀 노비가 된 사람들을 양민으로 풀어 주고, 빼앗긴 토지는 원래의 주인에게 돌려주도록 했습니다. 그러나 상층 계급의 반발에 부딪혀 **요승**[★]으로 몰려 참형당하면서 개혁은 실패로 돌아갔습니다.

한국은?

★**전민변정도감** 권문세족의 토지 착취에 따른 농민의 노비화를 바로잡기 위해 설치한 임시 관청
★**요승** 요사스럽고 사악한 행위를 일삼는 승려

▶ 공민왕과 노국공주의 영정

중국, 명의 건국

원나라 말기 각지에서 홍건적을 비롯한 농민들의 반란이 끊이지 않았습니다. 그러던 중, 홍건적에 가담했던 한족 출신의 주원장이 세력을 모아 난징에 도읍을 정하고 국호를 '명', 연호를 '홍무'라 했습니다. 그는 북벌군을 조직, 대도大都를 공격하여 원나라를 멸망시켰고 그곳에 있던 몽골 세력을 몽골 초원으로 몰아냈습니다.

▲ 명 태조 홍무제가 된 주원장

티무르 제국의 성립

티무르 제국은 칭기즈 칸의 후손이라 자처하는 절름발이 왕 티무르가 사마르칸트를 수도로 중앙아시아에 세운 이슬람 제국입니다. 비단길의 요충지에 위치하여 대외 교역에서 번영을 누렸으며 **주치 울루스***와 훌라구 울루스를 차례로 정복했습니다. 바그다드를 중심으로 하는 페르시아·아랍의 문화를 받아들여 화려한 문화를 꽃피웠으며 '동방의 로마'라고 불렸습니다.

★**주치 울루스** 몽골 제국의 4대 울루스(국가) 중 하나. 몽골 제국의 대표적인 울루스로는 주치 울루스, 차가타이 울루스, 오고타이 울루스, 훌라구 울루스 등이 있었다.

▶ 사마르칸트에서 연회를 즐기고 있는 티무르 왕의 모습을 그린 그림

교회 대분열 시대의 시작

아비뇽 유수 이후 교황청이 로마로 돌아와 우르바노 6세가 선출되자, 이에 반발한 프랑스 추기경단은 아나니로 철수해 로베르 주교를 클레멘스 7세로 옹립했습니다. 이후 교황이 아비뇽과 로마 두 곳에서 선출되는 교회의 대분열 시대가 시작되었습니다. 교회의 대분열은 1417년 **콘스탄츠 공의회***에서 교황들을 퇴위 혹은 사임하게 하면서 수습되었습니다. 그러나 콘스탄츠 공의회는 교회의 개혁을 주장하는 위클리프와 후스를 이단으로 규정했고, 후스를 화형시켰습니다. 이 사건은 후스 전쟁(1419~1439)의 원인이 되었습니다.

★**콘스탄츠 공의회** 독일의 콘스탄츠에서 열린 중세 로마 가톨릭교회 최대의 공의회. 새 교황 마르티누스가 선출되면서 분열돼 있던 교회가 통합되었다.

▲ 클레멘스 7세

와트 타일러의 난

와트 타일러의 난은 영국 역사상 최대 규모의 반란으로, 와트 타일러를 중심으로 일어났습니다. 그 원인은 1381년에 부과된 **인두세**人頭稅* 때문이었습니다. 와트 타일러가 이끄는 농민들은 런던으로 진격하여 법령을 불태우고 감옥을 습격하였으며 왕족의 대저택을 파괴하는 대규모 반란을 일으켰습니다. 이에 당황한 영국 국왕 리처드 2세는 농민들의 요구를 들어주겠다고 약속하며 해산을 종용했습니다. 그사이 국왕의 수행원들이 와트 타일러를 살해했고 런던 시장은 민병대를 조직하여 난을 진압하기 시작하면서 반란은 한달 만에 진압되었습니다. 리처드 2세는 진압과 함께 반란군에게 했던 약속을 모두 철회하였습니다.

★**인두세** 개인의 소득이나 능력을 고려하지 않고 모든 사람에게 똑같이 부과하는 세금. 오늘날의 부가가치세나 소비세 같은 간접세가 이러한 일률적 부과 방식의 예에 해당한다.

▲ 농민들이 배에 탄 리처드 2세에게 자신들의 요구 사항을 전달하는 모습

위화도 회군

명이 고려 철령 이북의 땅에 **철령위***를 설치하겠다고 통고하자, **우왕**禑王*의 장인으로서 문하시중이던 장군 **최영**崔瑩*은 역으로 명을 쳐서 옛 고구려 땅이었던 요동(랴오둥)을 되찾기 위한 계획을 세웠습니다. 정벌을 떠나기 전부터 **4불가론***을 주장하며 수복 계획에 반대하던 이성계는 압록강 하류의 위화도에서 조민수와 함께 군사를 돌리는 위화도 회군을 단행했습니다. 그 결과 우왕과 최영이 제거되었고, 이성계는 정치 군사권을 장악했습니다.

★**철령위** 명이 고려 철령 이북에 설치하려던 70개소의 병참 군영

★**우왕** 고려 32대 왕. 공민왕의 아들로, 10세에 왕위에 올랐다. 이후 이성계에 의해 폐위됐다.

★**최영** 1388년 명을 치려고 했으나 이성계의 회군으로 실패하고 그 후에 피살됐다.

★**4불가론** 큰 나라를 섬겨야 함과 농사철, 여름 장마철에 군사 동원의 무리함, 왜구 침입을 걱정한 이성계의 정벌을 반대하는 4가지 주장이다.

박위의 쓰시마 섬 정벌

고려 말 왜구의 횡포가 심해지자 이로 인해 바닷길을 이용해 조세를 거둬들이던 고려는 재정에 심각한 타격을 입게 되었습니다. 이에 최영은 홍산대첩에서, 이성계는 황산대첩에서, 최무선은 화포를 제작해 진포 해전에서 승리하면서 결과적으로 왜구를 격파하는 데 혁혁한 공을 세웠습니다. 박위는 1389년 **창왕**昌王* 때 쓰시마 섬을 공격하여 왜구의 본거지를 소탕했습니다.

★**창왕** 고려의 33대 왕. 우왕의 아들로 이성계 일파가 우왕을 폐위한 뒤 왕위에 올랐으나, 다시 이성계에 의해 강화로 쫓겨나 참형을 당했다.

1392년 조선의 건국

이성계와 신진 사대부들은 새로운 나라를 세우는 마지막 걸림돌이었던 **정몽주**★를 제거한 뒤, 고려의 마지막 왕 공양왕에게 이성계가 왕위를 선양받는 방식으로 조선을 건국했습니다. 조선의 건국은 왕권 교체에 의해, 왕씨에서 이씨로 왕조의 성씨만 바뀐 역성 혁명입니다. 이는 맹자가 주장한 것으로, 백성을 망치는 폭군을 내몰고 덕망 있는 군주를 세우는 것을 의미합니다.

★**정몽주** 고려를 대표하는 충신으로 개경에 5부 학당을 세우고 지방에 향교를 설치하여 유학 진흥에 힘썼다. 고려 내에서의 개혁을 주장하며 끝까지 고려 왕조를 받들었다. 조선 건국에 반대하다가 1392년(공양왕 2년) 4월, 이성계의 아들 이방원에게 살해되었다.

▶ 정몽주

1394년 조선, 한양 천도

이성계는 고려 3경 중 하나였던 남경을 수도로 정하고 그 이름을 한양이라고 고쳤습니다. 한양은 한반도의 중앙에 위치할 뿐만 아니라 수로 교통이 편리하고 사방이 산으로 둘러싸여 있어서 군사적 방어에도 유리했습니다. 이성계의 스승인 무학대사는 풍수지리적으로 명당인 남경을 수도로 적극 추천했고, 조선 개국의 일등 공신인 정도전은 한양의 궁궐과 **종묘**★의 위치 및 도성의 구역을 결정하고 궁궐 이름과 **사대문**★, 사소문의 이름을 직접 지었습니다.

★**종묘** 조선 시대, 역대 임금과 왕비의 위패를 모시던 왕실의 사당. 태조 3년(1394년)에 착공해 정전을 짓고 세종 3년(1421년)에 영녕전을 세웠으나 임진왜란 때 타버리고 광해군 즉위년(1608년)에 재건된 것이 지금의 종로 3가에 남아 있다.

★**사대문** 동쪽의 흥인지문, 서쪽의 돈의문, 남쪽의 숭례문, 북쪽의 숙정문을 이른다.

▲ 한성의 지도인 〈수선 전도〉. 1840년경 한성(서울)의 모습. 1395년 한양은 한성으로 이름이 바뀌었다.

나라 건국의 승자와 패자, 그 운명의 쌍곡선

세계사를 살펴보면 새로운 국가를 세운 사람들에게는 몇 가지 공통점이 있었습니다. 그들은 묵은 인연에 연연하지 않고, 의리보다는 권력을 추구했습니다. 자신의 야망을 위해 용기와 결단을 내렸으며, 때로는 무자비한 숙청도 서슴지 않았습니다. 옛 제도를 없애고 새로운 제도를 택하는 것 또한 그들의 관행이었습니다.

반면, 새로운 나라가 세워지는 것을 막기 위해 몸부림친 사람들은 인연을 소중히 여겨 야망 대신 의리를 택했으며, 반대자를 제거하기보다는 설득하려 노력했습니다.

바로 여기, 같은 시대를 살았던 두 인물이 있습니다. 한 명은 개혁으로 새 나라를 세운 사람이고, 다른 한 사람은 무너져 가는 나라를 지키려 애쓰다 죽음을 맞이했습니다. 어떤 사람의 길이 옳다고 생각하나요? 선택은 자유입니다. 하지만 이것 하나만은 기억해야 합니다. 역사의 눈은 항상 살아 있고, 옳든 그르든 모두 기록으로 남는다는 사실을 말입니다.

홍건적 출신으로 명나라를 세운 주원장

대개 한 왕조의 말기가 그렇듯, 원나라의 마지막 시기 역시 매우 혼란스러웠습니다. 이때 나타난 가장 대표적인 반란군이 머리에 붉은 두건을 둘렀던 한족의 무리 '홍건적'이었습니다.

　주원장은 가난한 농민의 아들로 태어나 부모를 일찍 여의고, 17세에 황각사라는 절에 들어가 탁발승이 되어 전국으로 떠돌아 다녔습니다. 사방에서 도적떼가 일어나자 주원장도 당시 홍건적 무리인 곽자흥 부대에 들어가 그의 양녀와 결혼했고, 점차 신임을 얻어갔습니다. 곽자흥 부대가 분열된 후에는 독자적으로 도적떼를 형성해 자신만의 세력을 확장해 갔으며, 종래에는 원나라 난징을 점령했습니다.

　경쟁 상대였던 각 지방의 군웅을 정벌하고, 1368년 마침내 난징을 수도로 하는 명나라를 세웠습니다. 그가 명의 태조 홍무제입니다. 이어서 북벌군을 일으켜 원나라를 몽골 고원으로 몰아내고 중국을 통일하는 데 성공했습니다.

명나라를 세운 다음에 주변을 보니 개국 공신의 대부분이 전날의 도적, 강도, 살인자 따위인지라 피바람을 일으키며 숙청 작업을 했고, 그 결과 혁명 동지 2만여 명이 처형되었습니다.

한편 그는 한족의 전통을 되살리기 위해 몽골풍을 없애기도 하고, 충효 사상을 담은 여섯 가지 황제의 가르침인 **육유**六諭*를 선포하기도 했습니다. 또한 전국의 토지와 인구를 조사해 110호를 1리로 묶어 세금을 부과하는 '이갑제'를 실시하기도 했습니다.

> ★**육유** 그 여섯 조목은 이러하다. 부모에게 효도할 것, 윗사람을 존경할 것, 마을을 화목하게 할 것, 자손에게 고훈을 남길 것, 각자 삶에 만족할 것, 그릇된 것을 옳다고 하지 말 것.

고려에 대한 일편단심을 보여 준 정몽주

이성계의 든든한 오른팔이자 다섯째 아들인 이방원은 정몽주가 새 나라를 건국하는 데 끝까지 반대를 한다면, 반드시 그를 제거해야겠다고 생각하고 있었습니다. 그래서 그의 마음을 떠보기 위해 다음과 같은 시조를 읊어 주었습니다.

이런들 어떠하며 저런들 어떠하리
만수산 드렁칡이 얽혀진들 어떠하리
우리도 이같이 얽혀서 백 년까지 누리리라

이것이 바로 「하여가」입니다. 내용을 읽어 보면 당시 이방원의 의중이 어떠했는지 짐작할 수 있습니다. 그러나 고려의 충신이었던 정몽주의 마음은 단호했습니다. 그는 이방원에게 「단심가」로 응수했습니다.

이 몸이 죽고 죽어 일백 번 고쳐 죽어

백골이 진토되어 넋이라도 있고 없고

임 향한 일편단심이야 가실 줄이 있으랴

여기서 '임'이란 당연히 고려를 말하는 것이었습니다. 이방원은 안 되겠다고 생각했고, 조영규 등 심복들을 시켜 개경의 선지교에서 정몽주를 습격해 살해해 버렸습니다. 정몽주가 죽은 후에 선지교는 선죽교로 불리게 되었는데, 그 다리에서 대나무가 마치 정몽주의 강직함을 대변하듯 곧게 솟아났기 때문입니다. 600여 년이 흐른 지금도 선죽교에는 정몽주가 죽을 당시의 혈흔이 세월의 흔적 그대로 남아 있어 많은 사람들을 숙연하게 합니다.

해학과 풍자가 살아 숨 쉬는
보카치오의 『데카메론』

보카치오(1313년~1375년)는 **르네상스*** 시대 인문주의자를 대표하는 이탈리아의 작가입니다. 당시 이탈리아는 여러 공화국으로 나뉘어 있었습니다. 피렌체 공화국 출신의 그가 완성한 가장 대표적인 작품이 바로 『데카메론』인데, 제목의 '데카'는 그리스어로 숫자 '10'을 가리키는 것으로 열흘간 나눈 100개의 이야기를 엮은 소설집입니다. 그래서 그를 '근대 소설의 선구자'라고 합니다. 이 작품에는 여러 이야기가 등장하는데 그중 1348년 피렌체를 휩쓴 흑사병을 소재로 한 내용도 있습니다. 다음은 그 내용 중 일부입니다.

★**르네상스** 14~16세기에 이탈리아를 중심으로 유럽 여러 나라에서 일어났던 문화 운동. 르네상스는 '재생', '부흥'을 뜻하여 '문예 부흥'이라고도 한다. 그 출발은 인문주의자들이 인간 중심의 인본주의(Humanism)를 주장하며 고대의 그리스·로마 문화를 부흥시키는 움직임에서 시작되었다. 르네상스를 대표하는 3대 예술가는 미켈란젤로, 레오나르도 다 빈치, 라파엘로이다.

"3월부터 7월까지 무려 10만 명의 영혼이 이 도시 피렌체의 성벽 안에서 죽어 갔습니다. 가난한 농부와 그 가족들이 비참한 모습으로 거리를 헤맸습니다. 의사라도

예외는 없었습니다. 신분에 상관없이 제대로 된 간호도 받지 못한 채 더 이상 사람의 모습이 아닌 짐승처럼 버려져 밤낮으로 길거리에서 죽어 갔습니다.”

『데카메론』은 무덤으로 변해 버린 피렌체에서 세 명의 귀족 청년들과 일곱 명의 숙녀들이 도시를 탈출하면서 이야기가 시작됩니다. 『데카메론』에는 이들 열 명의 주인공들이 무료함을 달래기 위해 열흘간 나눈 100개의 이야기가 담겨 있는데, 수많은 중세인들을 모델로 등장시켜 사랑과 지혜에 관한 다양한 상황을 펼쳐 보여 줍니다.

그뿐만 아닙니다. 보카치오는 이 작품 속 몇몇 이야기들에 자신의 의도를 숨겨 놓았는데요. 당시 중세의 교회와 봉건제에 대한 날카로운 비판이 그것입니다. 『데카메론』에서 보여준 보카치오의 시선과 문체는, 그와 동시대를 살면서 아름다운 서정시를 써 ‘최초의 인문주의자’로 불리는 페트라르카(1304년 ~1374년)와 함께 이탈리아 문학을 더욱 발전시켰습니다. 한편 보카치오는 역시 동시대에 살았던 피렌체 출신의 대시인 단테(1265~1321)의 전기를 지었습니다. 단테는 피렌체 출신으로 당쟁에 휘말려 19년 동안 망명 생활을 하였는데 망명 생활 동안 역사에 길이 남는 장장 1만 4,233행으로 구성된 대서사시, 『신곡』을 지었습니다. 『신곡』은 [지옥], [연옥], [천국]이 각각 33곡으로 이루어져 있고 서곡을 합치면 총 100곡이나 됩니다. 보카치오가 즐겨 읽었던 『신곡』은 수많은 예술인들에게도 깊은 영향을 주었습니다. 우리가 잘 아는 로댕의 ‘생각하는 사람’ 조각도 [지옥]의 한 장면에 등장하는 인물입니다.

페트라르카, 보카치오, 단테는 르네상스 시대의 지평을 연 3대 문호로 역사에 그 이름을 남겼습니다.

▲ 이탈리아 피렌체의 우피치 미술관에 있는 지오반니 보카치오 동상

성리학을 최초로 도입한 고려 학자, 안향

한국에 성리학을 처음 들여온 사람은 고려의 25대 임금 충렬왕 때의 학자인 안향安珦입니다. 어느 정도로 성리학을 숭배했냐면, 성리학을 집대성한 주자의 초상을 항상 벽에 걸어두고 주자의 호인 회암晦庵의 '회晦' 자를 따서 스스로의 호를 '회헌'이라고 지을 만큼 주자학(성리학 중 한 갈래)을 열심히 연구했습니다.

그는 1289년 충렬왕이 원나라로 갈 때에 신하로서 함께 따라갔다가 다음 해인 1290년 귀국하면서 원의 수도인 **연경**燕京*에서 「주자전서朱子全書」를 필사해 돌아왔습니다. 이를 계기로 고려에서 성리학 연구가 처음 시작되었고 그의 뒤를 백이정, 이제현 등이 이어받았습니다. 그리고 소위 '고려말 삼은三隱'이라 불리는 목은 이색, 포은 정몽주, 야은 길재에게 전해졌습니다. 삼은은 이들 셋의 호에 은 자가 모두 들어간 데서

▲ 영주에 있는 소수 서원

비롯되었습니다.

안향은 성균관의 발전을 위해 유생들에게 장학금을 지급하는 섬학전贍學錢 제도를 도입했고, 고려 최초로 공자의 초상화와 위패를 모시는 대성전을 짓기도 했습니다. 이에 27대 임금 충숙왕은 원나라 화가를 불러 안향의 초상화를 그리게 했습니다. 안향의 초상화는 국보로 지정됐습니다.

▲ 안향의 초상화인 '회헌영정'

조선 시대에 들어, 풍기의 군수 주세붕이 경북 영주에 세운 **백운동 서원***은 그런 안향을 기리기 위해 설립한 서원입니다. 명종 때에 퇴계 이황이 풍기 군수로 부임해오면서 그의 건의로 명종이 친히 '소수 서원'으로 고쳐 액자와 서적을 내렸던 최초의 **사액 서원***입니다.

★연경 중국 베이징의 옛 이름. 춘추전국 시대 당시 연나라의 수도였다. 요나라 시대에 남경南京으로 개명됐으며, 요나라의 남쪽 수도가 되었다. 금나라 시대에 이름을 중도로 고쳤으며, 금나라의 수도로 결정되었다. 원나라에 점령된 이후에는 다시 연경이라 불렸으며, 명나라 시대에 북경北京으로 개명, 그 후로 현재까지 이름을 유지하고 있다.

★백운동 서원 우리나라 최초의 서원. 안향의 영정을 이곳으로 옮겨와 봉안했다.

★사액 서원 왕이 이름을 지어서 새긴 편액을 내린 서원. 소수 서원이 그 시초다.

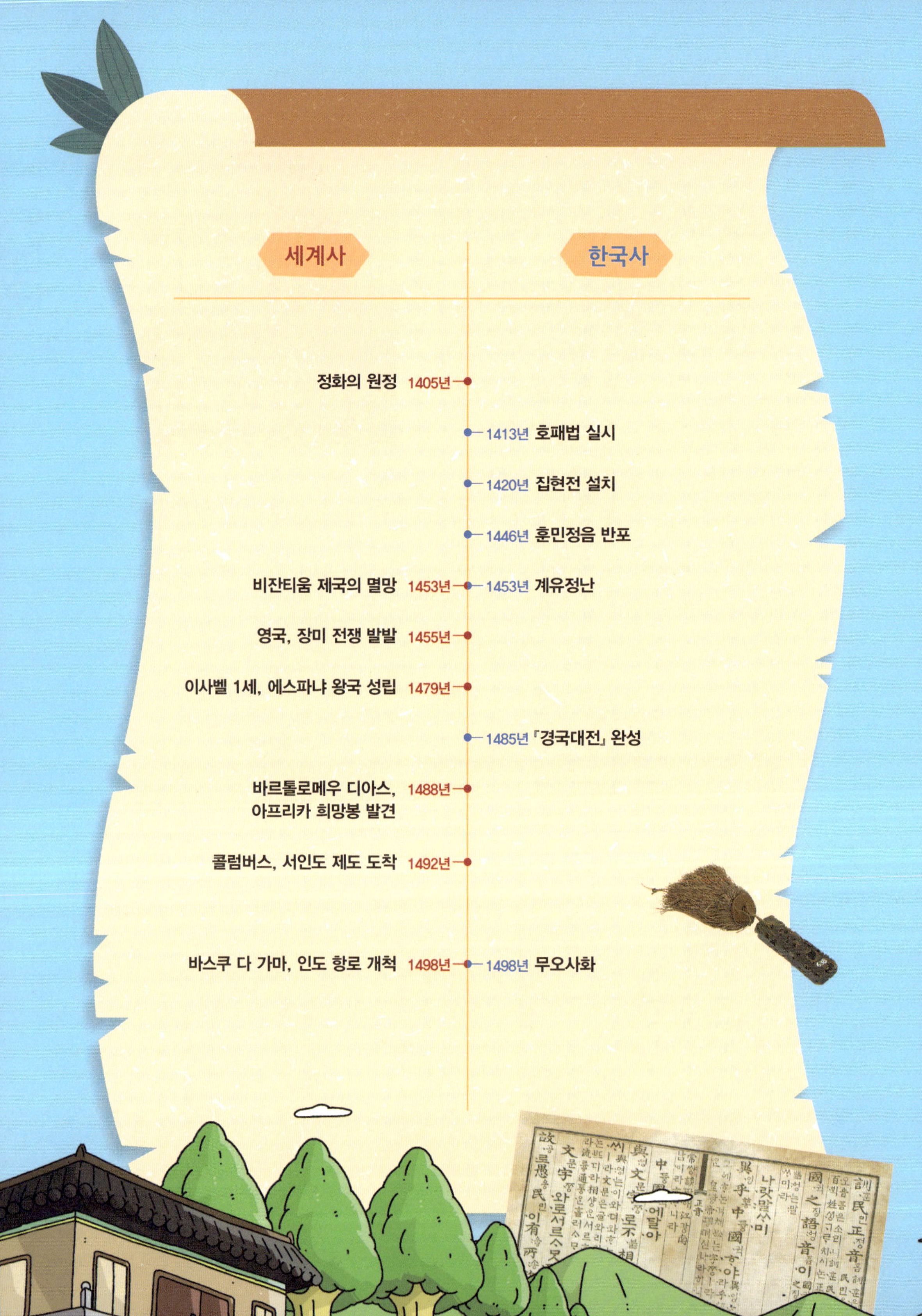

세계사
한국사
정화의 원정 1405년
1413년 호패법 실시
1420년 집현전 설치
1446년 훈민정음 반포
비잔티움 제국의 멸망 1453년
1453년 계유정난
영국, 장미 전쟁 발발 1455년
이사벨 1세, 에스파냐 왕국 성립 1479년
1485년 『경국대전』 완성
바르톨로메우 디아스, 1488년
아프리카 희망봉 발견
콜럼버스, 서인도 제도 도착 1492년
바스쿠 다 가마, 인도 항로 개척 1498년
1498년 무오사화

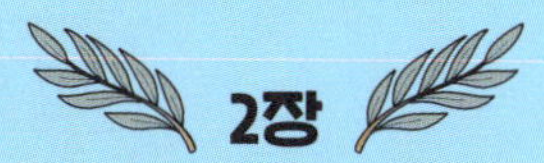

전통문화의 발전과 함께
대항해 시대가 시작되다

15세기는 세계 각국의 문화가 발전을 거듭하고, 대항해가 진행된 시기였습니다. 중국은 명의 전성기를 이끌던 영락제 때, 환관 정화가 원정을 통해 멀리 인도, 서아시아, 아프리카까지 진출하면서 명의 국위가 선양되었습니다. 15세기부터 유럽은 아프리카를 거쳐 인도로 가는 신항로를 개척했고, 콜럼버스가 그동안 유럽인들이 몰랐던 신대륙에 도착하면서 대도약의 발판을 마련했습니다.

우리나라 역시 조선의 국가 체제가 갖춰지기 시작했습니다. 조선의 기본 법전인 『경국대전經國大典』이 성종 때 완성되어 유교적인 법치 국가로서 한 발 나아갔습니다. 또한 세종 때 훈민정음이 창제되고, 각종 과학 기구가 발명되며, 수많은 서적이 편찬되어 찬란한 민족 문화를 꽃피웠습니다.

1405년 정화의 원정

정화鄭和는 이슬람교도이면서 명나라 3대 황제인 영락제 때의 환관입니다. 그는 영락제의 명을 받아 일곱 차례에 걸쳐 대선단을 이끌고 동남아시아에서 인도양을 거쳐 아프리카 동부 해안(오늘날 케냐 지역)에 이르는 지역을 원정했습니다. 이때 진기한 보물들을 중국으로 가져왔고 이 과정에서 30여 개국이 명나라에 조공을 바치게 되었습니다.

▶ 동아프리카의 말린디 왕국이 인도 벵골국의 술탄 즉위 축하 선물로 보낸 기린을 술탄이 다시 명나라에 조공으로 바쳤다.

1413년 호패법 실시

조선 태종은 전국의 인구 동태를 파악하고 조세 징수와 군역 부과에 활용하기 위해 호패법을 실시했습니다. 호패는 오늘날의 주민등록증과 비슷한 것으로, 16세 이상의 남자는 모두 몸에 지니고 다녔습니다. 성명과 출생년도를 적었고 양반이라면 과거에 합격한 연도도 적었습니다. 뒷면에는 그 호패를 발행한 연도가 적혔습니다.

▶ 조선 때 사용한 호패

1420년 집현전 설치

세종대왕은 왕립 학술 연구소인 '집현전集賢殿'을 설치했습니다. 세종은 재능과 덕을 겸비하고 학문을 깊이 있게 연구할 수 있는 능력을 갖춘 젊은 문관들을 선발하여 이곳 집현전에서 학문을 연구하게 했습니다. 집현전 출신의 대표적인 학자에는 변계량, 설순, 성삼문, 신숙주, 박팽년, 하위지, 이개, 유효통, 김문기 등이 있습니다. 세종 때 편찬된 『치평요람』, 『농사직설』, 『향약집성방』, 『의방유취』, 『삼강행실도』, 『효행록』 등의 서적이 이 집현전을 통해서 세상에 나왔습니다.

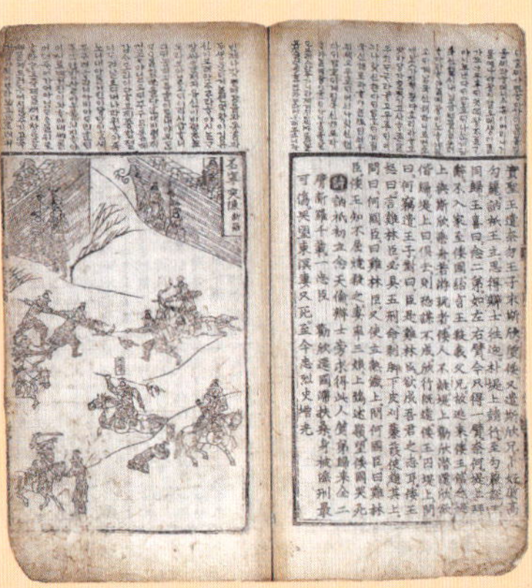

▶ 집현전에서 펴낸 『삼강행실도』. 1431년 세종의 명령에 따라 설순 등이 충신, 효자, 열녀의 행실을 모아 만들었다.

1446년 훈민정음 반포

세종대왕은 백성들이 자기 뜻을 표현하고자 해도 고유한 문자가 없어 불편해하는 것을 알고 28자의 소리글자로 이뤄진 훈민정음을 창제했습니다. 사실 훈민정음은 1443년 처음 창제되었으나 곧바로 반포되지는 않았습니다. 집현전 학사들과 함께, 한국 최초의 국문학 작품인 「용비어천가」*를 만들어 보는 등 약 3년간의 실험과 보완 과정을 거친 뒤 1446년에 반포했습니다.

▲ 한글 창제의 원리를 설명하고 있는 『훈민정음 언해본』

★「용비어천가」 세종 27년에 정인지 등이 지어 세종 29년에 간행한 악장의 하나. 훈민정음으로 쓴 최초의 작품으로, 조선을 세우기까지 왕들의 공적을 중국 고사에 빗대어 노래한 악장이다.

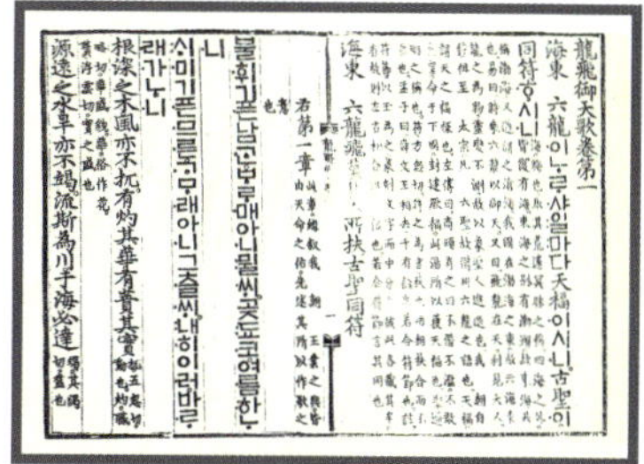

1453년 비잔티움 제국의 멸망

로마 제국의 전통을 이어오던 비잔티움 제국은 교역의 중심지로서 수많은 이민족의 침입을 막아내며 유럽의 방파제 역할을 해왔습니다. 그러나 비잔티움 제국은 오스만 제국의 메흐메드 2세의 침입만큼은 이겨내지 못했습니다. 결국 1453년 5월 29일, 수도 콘스탄티노폴리스가 함락되면서 비잔티움 제국은 멸망했습니다.

▶ 콘스탄티노폴리스로 입성하는 오스만 제국의 7대 술탄 메흐메드 2세

1453년 계유정난

계유정난은 1453년 계유년에 세종의 둘째 아들 수양대군이 조카 단종의 왕위를 찬탈하기 위해 일으킨 사건입니다. 수양대군은 어린 단종을 보필하던 우의정 김종서의 집을 습격해 김종서와 그의 아들을 살해했으며, 이어 영의정 황보인과 이조판서 조극관도 제거했습니다. 그 후에는 친동생 **안평대군**[*]에게 사약을 내렸습니다. 이처럼 중신들을 차례로 제거한 수양대군은 1455년 마침내 단종을 겁박하여 왕위를 선양받아 조선 제7대 임금 세조가 되었습니다.

이에 금성대군이 단종 복위를 도모하자 **금성대군**[*]을 붙잡아 유배를 보냈다가 사약을 내렸습니다.

한편, 같은 해에 김종서의 부하였던 이징옥은 파직된 것에 불만을 품고 반란을 일으켜 스스로를 '대금 황제'라 칭했으나 곧 진압되었습니다.

★**안평대군** 세종의 셋째 아들. 친형 수양대군의 세력과 맞서다가 실권을 박탈당해 10월 강화도로 유배되었다가 사약을 받았다. 이후 영조 때 복권되었다.

★**금성대군** 세종의 여섯째 아들. 단종 폐위 이후 이보흠 등과 함께 단종 복위 운동을 주도하다가 사형당했다.

1455년 영국, 장미 전쟁 발발

장미 전쟁은 붉은 장미를 가문의 문장으로 삼은 랭커스터 가와 흰 장미를 문장으로 한 요크 가 사이에 벌어진 전쟁입니다. 전쟁은 랭커스터 가의 승리로, 리치먼드 백작 헨리 튜더가 요크 가의 리처드 3세를 무찔렀습니다. 이후 헨리 튜더는 요크 가의 에드워드 4세의 장녀 엘리자베스와 결혼하고 왕위에 올라, 헨리 7세가 되면서 튜더 왕조가 시작되었습니다. 이로써 약 30년간 이어진 내전은 1485년에 종식되었습니다. 영국에서는 당시 이 전쟁을 '내전 Civil War'이라 불렀으나, 19세기에 영국의 대작가 월터 스콧 Sir Walter Scott 경이 이 전쟁을 소재로 한 역사 소설을 발표하면서 '장미 전쟁'이라는 이름이 널리 알려지게 되었습니다.

▲ 장미 전쟁 당시를 묘사한 그림

1479년 이사벨 1세, 에스파냐 왕국 성립

이사벨은 본래 카스티야 왕국의 여왕이었으나 아라곤 왕국의 페르난도 황태자와 결혼을 한 후 남편이 왕위에 오르면서 카스티야 왕국과 아라곤 왕국을 통일하여 에스파냐를 공동 통치했습니다. 그녀는 이슬람 세력이 지배하던 그라나다를 수복했고, 콜럼버스의 신항로 개척을 재정적으로 지원함으로써 유럽이 알지 못했던 새로운 대륙에 도달하는 데 중요한 역할을 했습니다.

◀ 이사벨 1세

1485년 『경국대전』 완성

조선을 유교적인 법치 국가로 만든 기본 법전 『경국대전』이 완성되었습니다. 7대 왕 세조 때에 편찬 사업이 시작되어 9대 왕 성종 때에야 완성되었으며, 이·호·예·병·형·공이라는 육전六典으로 구성되었습니다. 이후 조선의 모든 통치 질서의 중심에는 언제나 『경국대전』이 있었습니다.

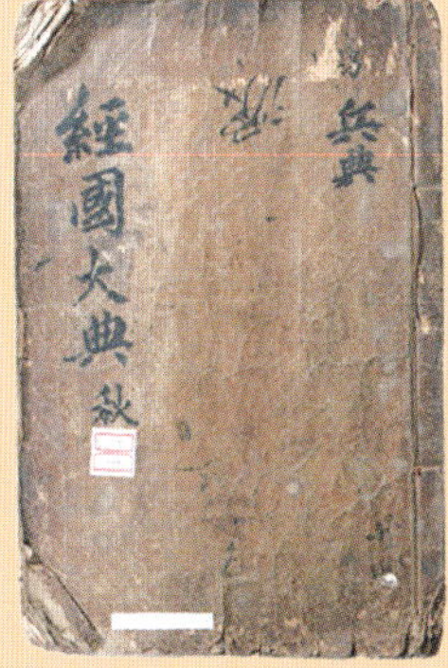
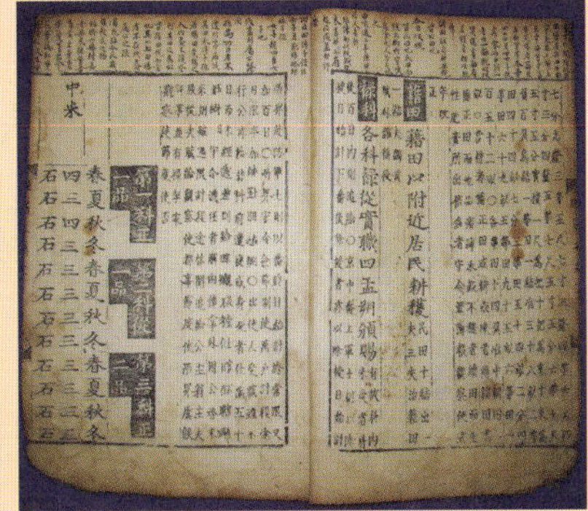

▲ 『경국대전』 표지와 본문

1492년 콜럼버스, 아메리카 도착

이탈리아 제노바 출신의 콜럼버스는 마르코 폴로의 『동방견문록』을 읽고 큰 감명을 받았습니다. 또한 토스카넬리의 지구 구형설에 영향을 받아, 대서양 서쪽으로 항해해 인도에 이르겠다는 결심을 하였습니다. 그는 에스파냐 여왕 이사벨 1세의 지원을 받아 산타 마리아호를 비롯한 세 척의 배로 두 달이 넘는 항해 끝에 마침내 유럽인들이 전혀 알지 못했던 대륙에 도착했습니다. 그는 죽을 때까지 그곳을 인도로 착각했으며, 이 때문에 지금도 그가 처음 도착한 지역을 '서인도 제도West Indies★'라고 부르고 있습니다.

★서인도 제도 중앙아메리카 동쪽 바다에 활 모양으로 부드럽게 흩어져 있는 크고 작은 섬들의 총칭

1498년 바스쿠 다 가마, 인도 캘리컷 도착

포르투갈 탐험가 바스쿠 다 가마는 1498년, 아프리카 최남단인 희망봉을 돌아 인도 캘리컷에 도착했습니다. 10년 전, 포르투갈 왕 주앙 2세의 명을 받은 바르톨로메우 디아스가 서양인 최초로 아프리카 최남단인 희망봉을 항해한 것을 바탕으로, 다 가마는 그의 항해 기록을 참고해 희망봉까지 항해한 뒤 계속 항로를 이어 결국 인도 캘리컷에 도달한 것입니다.

1498년 무오사화

조선 4대 사화 중 첫 번째 일어난 사건입니다. 1498년 연산군은 사관 김일손이 **사초★**에 스승 김종직의 글 '조의제문弔義帝文'을 실은 사실을 알고 김일손을 능지처사하고 김종직은 **부관참시★**하는 등 관련된 사림 세력이 큰 피해를 입었습니다. '조의제문'은 항우에게서 죽임을 당한 초나라 의제를 조문하는 글로 단종의 왕위를 빼앗고 죽인 세조를 비판하는 글입니다.

★사초史草 실록의 원고 초본, 사관의 직필이 원칙
★부관참시剖棺斬屍 관을 부수고 죽은 사람을 꺼내어 목을 다시 벰

역사의 희생양으로
억울하게 죽임을 당한 사람들

역사를 공부하다 보면 자기도 모르게 주먹이 꽉 쥐어질 때가 있습니다. 억울하게 죽임을 당한 사람들 때문인데요. 그들이 희생되는 과정을 보면, 참으로 어처구니가 없습니다. 하얀 것을 검다고 하고 검은 것을 하얗다고 우기는 권력자들에 의해 원통한 마지막을 맞이하기도 했습니다. 역사는 그 억울한 죽음의 과정을 그대로 기록하여 후대에 남깁니다. 그 기록을 읽는 우리는 다시는 그런 일이 일어나지 말아야 한다는 역사적 교훈을 얻습니다. 패권주의자가 있고, 왕위를 찬탈하는 자가 있으며, 부와 권세를 가진 이들이 득세하는 시대가 있기 마련입니다. 그런 사람들에 의해 오늘날에도 어쩌면 어디선가 억울한 사람들이 시대의 칼날에 희생되고 있을지 모릅니다.

이제 우리는 과거의 잘못이 되풀이되지 않도록, 역사가 주는 교훈을 잊지 않아야 합니다. 바로 이것이 우리가 역사를 공부하는 이유이기도 합니다.

화형당한 종교 개혁의 선구자 후스

얀 후스는 체코 보헤미아 출신의 종교 개혁가입니다. 보헤미아의 독일화를 반대했던 민족주의자이기도 합니다. 그는 프라하 대학에서 신학을 강의하는 교수이자 성직자로서, 영국 옥스퍼드 대학 교수였던 위클리프의 "신앙과 구원의 최고의 권위는 성서에 있다"라는 주장에 공감을 표시하고, 성직자들의 성직 매매를 강력히 비판하는 활동을 전개했습니다. 많은 동료들이 그에게서 등을 돌렸지만, 동료 히에로니무스는 후스의 든든한 지지자로 언제나 강력한 후원을 보냈습니다.

후스는 보헤미아인들의 민족주의 운동의 선봉에 서서 체코인의 상징으로 부상하기 시작했습니다. 이에 로마 교황 알렉산더 5세는 후스에게 주장 철회를 명했고, 후스가 이에 응하지 않자 그를 파문했습니다. 1414년 콘스탄츠 공의회는 후스를 소환해 이단 관련 주장을 한다며 철회할 것을 요구했습니다. 그러나 후스는 신념과 양심의 판단에 의해 이를 거절했습니다. 공의회는 후스가 신성 로마 제국의 지기스문트 황제로부터 신분의 안전을 보장받았음에도 불구하고, 1415년 그를 콘스탄츠 교외에서 화형에 처했습니다. 히에로니무스도 후스를 구하려고 발 벗고 나서다가 결국 1년 뒤에 똑같이 화형에 처하고 말았습니다. 후스가 죽은 뒤, 그의 추종자들은 로마 교회와 단절하고 미사 전례를 체코어로 진행했으며, 평신도에게도 빵과 포도주를 나누어 주는 성찬식을 거행했습니다. 이에 교황과 신성 로마 제국 황제는 이들을 응징하기 위해 다섯 차례에 걸쳐 십자군을 보냈지만, 후스파는 격렬히 저항했습니다. 이것이 1419년부터 15년간 전개되었던 후스 전쟁입니다.

▶ 체코 프라하에 있는 얀 후스 동상

역사에 길이 남은 만고의 충신 성삼문

세종은 집현전 학사들을 매우 사랑했습니다. 귀한 음식을 친히 내려 주거나 밤새도록 연구에 몰입하다 잠든 신숙주에게 어의를 덮어 주는 등 격려를 아끼지 않았습니다. 세종만큼 학문을 사랑하고 덕이 깊었던 맏아들 문종도 집현전 학사들을 소중히 여겼습니다. 문종은 신하들에게 세자인 단종을 잘 부탁한다는 유언을 남기고 세상을 떠났습니다.

문종의 동생인 수양대군이 결국 단종의 왕위를 빼앗자 성삼문과 그의 뜻에 동조한 박팽년, 하위지, 이개, 유성원, 유응부 등은 1456년 단종 복위 운동을 계획했습니다. 단종에게 다시 왕위를 되찾아 주려는 뜻이었습니다. 하지만 이들의 계획은 김질이라는 학사의 밀고로 그만 세조에게 알려졌습니다. 이후 이들은 **의금부***에 붙잡혀 모진 고문을 받은 끝에 사지가 찢겨 죽임을 당하는 참극을 겪었습니다. 이 여섯 충신을 '사육신死六臣'이라고 부릅니다. 그중 가장 대표적인 인물이

성삼문입니다. 세조는 의금부에서 성삼문을 **국문***하며 자신을 임금으로 모시라고 강요했습니다. 그러나 성삼문의 대답은 분명했습니다.

"오직 옛 임금을 다시 모시고자 했을 뿐입니다. 하늘에 해는 둘이 없고 백성에게 두 임금은 있을 수 없습니다."

이에 분노한 세조는 그동안 자신이 내린 녹祿을 받고도 배반했으니 '반역자'라며 성삼문을 몰아세웠습니다. 그러자 성삼문은 다음과 같이 말했습니다. 성삼문은 세조를 왕이라 하지 않고 '나리'라고 했습니다.

"상왕(단종)께서 계신데, 나리가 어찌 나를 신하라 하십니까? 저는 나리의 녹을 먹지 않았습니다. 제 집을 가 보십시오."

성삼문은 결국 아버지 성승과 함께 **능지처사**陵遲處死*를 당했습니다. 그가 죽은 후에 집을 살펴보니 세조가 내린 녹봉이 정말 고스란히 쌓여 있었고, 세간도 거의 없이 방바닥에는 거적만이 깔려 있었습니다. 이에 세조는 "금세今世의 난신亂臣이요, 만세萬世의 충신忠臣이로다"라고 탄복했다고 전해집니다.

성삼문이 오랜 고문으로 인해 온몸이 너덜거리는 채로 처형장에 끌려갈 때 남긴 시조가 있는데, 이것이 바로 그 유명한 「봉래산가」입니다.

이 몸이 죽어 가서 무엇이 될꼬 하니
봉래산 제일봉에 낙랑장송 되어 있어
백설이 만건곤할 제 독야청청하리라

'백설白雪'이란 변절자를 말하는 것으로, 그들이 세상에 판을 칠 때도 혼자서 절개를 지키겠다는 내용을 읊은 것입니다.

정화 원정 VS 콜럼버스 항해

중국 명나라 '정화의 원정'과 이탈리아 '콜럼버스의 항해'를 서로 비교해 보려고 합니다. 지금부터 차근차근 살펴볼까요?

먼저 항해 거리를 보면, 명나라 영락제 시기의 환관 정화는 동남아시아를 거쳐 인도양을 지나 아프리카까지 항해했습니다. 반면, 콜럼버스는 대서양을 건넜을 뿐이었습니다. 시기적으로도 정화는 콜럼버스보다 87년이나 앞서 항해를 했습니다.

규모 면에서도 큰 차이가 있습니다. 콜럼버스가 120명 혹은 1,500명 남짓의 선원을 데리고 네 차례 왕복하는 동안, 정화는 62척의 배와 2만 7,800여 명의 선원들을 거느리고 일곱 차례나 원정을 수행했습니다. 산타 마리아호와 비교해 정화 원정대의 배 크기는 무려 다섯 배나 컸습니다.

결정적으로, 콜럼버스는 잔인한 노예 상인이었습니다. 그는 당시 아메리카의 원주민들에게 목화, 금, 음식뿐만 아니라 성상납까지 요구했습니다. 본보기로 그다지 저항하지도 않던 원주민들의 귀와 코를 베어내 협박하기도 했습니다.

1495년 콜럼버스는 노예 사냥을 주도하기 시작했습니다. 그와 에스파냐인들은 순식간에 1,500여 명의 원주민을 포로로 잡았고, 그중 조건이 좋은 500여 명을 선별해 에스파냐에 노예로 끌고 갔습니다. 그들 중에서 200여 명은 항해 도중 죽고 말았습니다.

수백 명에 달하는 아메리카 원주민들을 가혹하게 혹사했으며, 원하는 금을 찾아오지 못하면 손목을 잘라버리기도 했습니다. 유럽에서 군인들이 오면 원주민 여성을 그들의 성 노리개로 제공하는가 하면, 유럽에 데려간 원주민들을 마치 원숭이처럼 백인들 앞에서 구경시키기도 했습니다.

▲ 정화 원정대의 배를 재현한 모형

매년 10월 12일은 콜럼버스가 아메리카에 도

착한 날이자 신대륙 발견을 기념하는 미국의 국경일입니다. 그러나 실상은 '신대륙'도 아니었고 결코 '발견'이라 할 수도 없었습니다. 유럽인들만 몰랐을 뿐이지 이미 아메리카 대륙에는 그 원주민들이 터를 잡고 살고 있었기 때문입니다. 1998년 **베네수엘라**★의 우고 차베스 대통령은 "콜럼버스는 인류 역사상 가장 큰 침략과 학살의 선봉이었다. 에스파냐, 포르투갈, 영국 등에서 온 침략자들이 수많은 원주민을 잔인하게 학살했다. 당시 1억 명이던 원주민이 150년 뒤에는 300만 명으로 줄었다"라며 자체적으로 10월 12일을 '원주민 저항의 날'로 지정하였습니다.

★**베네수엘라** 남아메리카 대륙 북부에 위치한 공화국. 에스파냐의 식민지였으나 독립전쟁으로 1819년 대★콜롬비아 연방의 일원이 되었고, 1830년 독립 공화국이 되었다.

풍운아 안평대군과 「몽유도원도」

「몽유도원도夢遊桃源圖」는 화가 안견이 그린 산수화입니다.

때는 1447년 4월 20일, 세종이 즉위한 지 29년째 되는 해였습니다. 세종의 셋째 아들 안평대군은 무릉도원에서 노는 생생한 꿈을 꾸었고, 이를 당대 최고의 화가 안견에게 전했습니다. 안견은 단 3일 만에 그 꿈을 그림으로 옮겨, 오늘날 유명한 「몽유도원도」가 탄생했습니다.

이 작품의 가치는 단순히 조선 최고의 화가가 그렸다는 데 있지 않습니다. 시, 서書, 화畵에 모두 능통하여 '삼절三絶'로 이름이 높았던 안평대군이 직접 발문을 쓰고 한 수의 시를 썼다는 것, 그리고 당대에 그 이름만으로도 쟁쟁하던 김종서, 정인지, 성삼문, 신숙주, 최항, 박팽년, 이개, 서거정 등 20여 명의 선비들이 손수 친필로 쓴 찬사의 글이 두 개의 두루마리에 나눠 실려 있다는 점에서 매우 중요하고, 후대까지도 극찬을

▲「몽유도원도」

받았습니다.

그러나 이 작품은 비운의 그림이 되었습니다. 권력에 눈먼 수양대군이 계유정난을 일으키면서 자신과 경쟁 관계에 있던 안평대군을 죽음에 이르게 했고, 그 후 세상에서 자취를 감췄다가 엉뚱하게도 일본에서 발견되었기 때문입니다. 1950년대에 일본 덴리대天理大가 사들여 현재는 그 대학의 소장품이자 일본의 국보로 지정돼 있습니다.

안평대군은 **조맹부체***에 능통한 당대 최고의 서예가일 뿐 아니라, 학문을 사랑하고 도량이 넓어 당대 문인들의 존경을 한 몸에 받았습니다. 그는 도성 북문 밖에 무이정사를 짓고 남쪽 호숫가에는 담담정을 세워 귀한 책과 중국의 유명 서화 222점을 수집했습니다. 또한 문인들을 초청해 시를 짓고 예술을 논하는 등 풍류를 즐겼습니다.

그러나 그의 형 수양대군은 **황표정사**黃票政事*를 행하여 인사권을 장악하고 있던 김종서 등의 중신들이 안평대군과 가깝게 지내는 것을 그냥 두지 않았습니다. 계유정난으로 김종서 등의 대신을 제거하고 권력을 장악한 후에는 친형제였던 안평대군에게도 사약을 내리는 잔혹함을 보였습니다.

★**조맹부체** 중국 원나라의 문인 조맹부의 서체. 그림에도 능해, 오진·황공망·왕몽과 더불어 원대의 4대가라 불렸다.

★**황표정사** 성명 위에 황점을 찍어 올리면 왕이 그 사람을 낙점하는 인사 제도

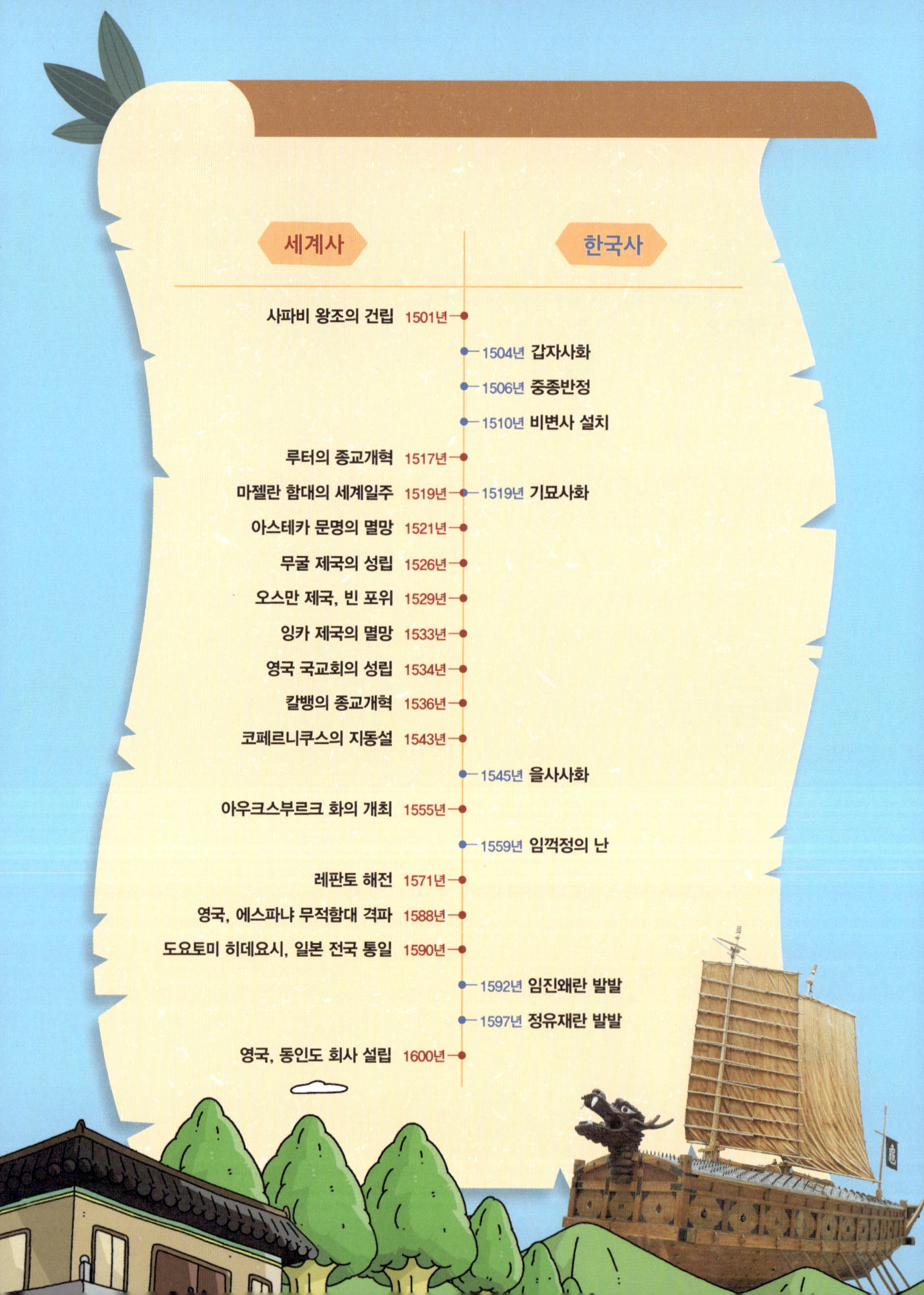

세계사
한국사
사파비 왕조의 건립 1501년
1504년 갑자사화
1506년 중종반정
1510년 비변사 설치
루터의 종교개혁 1517년
마젤란 함대의 세계일주 1519년
1519년 기묘사화
아스테카 문명의 멸망 1521년
무굴 제국의 성립 1526년
오스만 제국, 빈 포위 1529년
잉카 제국의 멸망 1533년
영국 국교회의 성립 1534년
칼뱅의 종교개혁 1536년
코페르니쿠스의 지동설 1543년
1545년 을사사화
아우크스부르크 화의 개최 1555년
1559년 임꺽정의 난
레판토 해전 1571년
영국, 에스파냐 무적함대 격파 1588년
도요토미 히데요시, 일본 전국 통일 1590년
1592년 임진왜란 발발
1597년 정유재란 발발
영국, 동인도 회사 설립 1600년

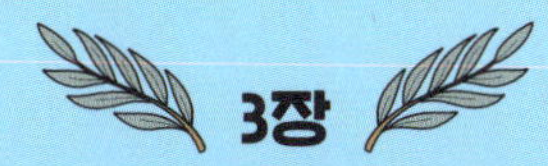

남아메리카 문명이 파괴되고 조선에 임진왜란이 일어나다

16세기 남아메리카는 비극의 정점에 서 있었습니다. 에스파냐의 침략으로 마야, 아스테카, 잉카 등 고대 문명이 멸망했기 때문입니다. 이후 남아메리카는 에스파냐와 포르투갈의 식민지가 되었고, 대륙은 '라틴아메리카'라고 불리게 되었습니다.

유럽에서는 종교개혁이 일어나며 각국이 종교전쟁에 휘말렸습니다. 또한 오스만 제국과 서유럽 군사재정 국가들의 힘겨루기를 보여주는 레판토 해전이 벌어졌고, 이때 에스파냐 함대는 '무적함대'라는 명예로운 이름을 얻었습니다. 그러나 곧 에스파냐가 영국 엘리자베스 1세의 함대에 패하면서 영국의 전성시대가 시작되었습니다.

한편 조선에서는 임진왜란이 일어났습니다. 임진왜란은 조선, 일본, 그리고 중국 명나라가 벌인 동아시아 삼국의 국제전이었습니다. 인도에서는 무굴 제국이 새로운 강자로 떠올라 인도양과 동남아시아의 해상권을 장악했고, 서아시아에서는 사파비 왕조가 이란의 영광을 되살렸습니다.

1501년 사파비 왕조의 건립

▲ 이스마일 1세

사파비 왕조는 이란 전역을 통합해 이란·이슬람 문화의 전통을 발전시키며 2세기 동안 번성했던 왕조입니다. 사파비 왕조를 세운 창시자 이스마일 1세는 티무르 왕조가 쇠퇴하자, 이 기회를 틈타 이란 전역을 장악하기 시작했습니다. 유프라테스 강에서 아프가니스탄에 이르는 대제국을 건설하고, **시아파 이슬람***을 국교로 선포했습니다. 5대 샤 아바스 1세 때는 수도를 타브리즈에서 이스파한으로 옮기고, 오스만 제국과의 전쟁에서 승리하며, 전성기를 맞았습니다.

★**시아파 이슬람** 시아파는 수니파(정통파)와 더불어 이슬람교의 2대 종파. 수니파는 이슬람교의 창시자 무함마드의 언행인 수나 Sunnah를 따른 반면, 시아파는 무함마드의 사위이자 4대 칼리프인 알리와 그 후손들을 정통 지도자로 인정한다. 시아파가 다수인 국가는 이란이며, 이라크도 인구의 절반 이상이 시아파이다.

1504년 갑자사화

갑자사화는 연산군 10년(1504, 갑자년)에 **폐비*** 윤씨 사건의 진상이 드러나면서 일어난 조선 역사상 두 번째 사화입니다. 윤씨는 조선 9대 왕 성종의 두 번째 왕비이자 연산군의 어머니였는데, 성종의 후궁 문제로 남편 성종은 물론 시어머니 인수대비와 갈등을 빚었습니다. 결국 성종의 얼굴에 손톱자국을 내는 사건으로 **폐서인***이 된 후 1482년 사약을 받았습니다.
그로부터 20여 년 뒤 1498년 이미 무오사화를 일으켜 사림에 피바람을 일으켰던 연산군은 어머니의 억울한 죽음을 알게 되자 분노하여 임사홍의 밀고를 빌미로 수백 명의 공신들을 처형하거나 유배를 보내고 그들의 재산을 몰수해 버렸습니다. 심지어 이미 세상을 떠난 한명회, 정창손, 남효온 등의 무덤을 파헤쳐 시신을 꺼내 참수하고 거리에 내거는 부관참시剖棺斬屍의 극형까지 가했습니다.

★**폐비** 왕비의 자리에서 물러나게 하는 일. 또는 그렇게 된 왕비를 말한다.
★**폐서인** 벼슬이나 신분을 빼앗아 일반 서민이 되게 하는 일. 또는 그렇게 된 사람을 말한다.

1506년 중종반정

연산군 대에는 무오사화와 갑자사화, 두 차례의 사화가 연이어 일어났고, 폭정이 극심해졌습니다. 이에 성희안, 박원종 등은 군사를 모아 중종반정을 일으켰습니다. 그들은 연산군과 결탁해 온갖 악행을 저지르던 임사홍, 신수근 등을 제거하고, 마침내 연산군을 왕위에서 몰아냈습니다.
1506년 9월 2일, 경복궁 근정전에서 성종의 둘째 아들이자 연산군의 이복동생인 진성대군을 새 임금으로 추대했으니, 그가 바로 조선 제11대 왕 중종입니다.
연산군은 **흥청망청***이라는 말이 생겨날 정도로 술과 여색, 사치에 빠져 조선 역사상 최악의 폭군으로 기록됩니다.
반정 이후 그는 강화도 교동에 유배되었다가, 그해 11월 병에 걸려 세상을 떠났습니다.

★**흥청망청** 흥청을 세워 연산군이 망했다는 뜻이다. 흥청은 연산군이 선발한 기생 300명을 말한다.

1510년 — 비변사 설치

비변사는 조선 중기에 문무의 고위 관리들이 함께 모여 군사 관련 일을 논의하던 기구입니다. 처음에는 삼포왜란을 해결하기 위한 임시 기구로 설치되었습니다. 그러나 을묘왜변과 임진왜란·정유재란을 거치면서, 명종 때에는 국가의 중대사를 결정하는 최고의 통치기구가 되었습니다. 이후 비변사가 왕권을 위협하는 기구가 되자, 1865년 흥선대원군에 의해 폐지됐습니다.

1519년 — 마젤란 함대, 세계일주

포르투갈 출신 탐험가 마젤란은 에스파냐의 지원을 받아 1519년 다섯 척의 함선과 270여 명의 선원을 이끌고 출항했습니다. 3년 후인 1522년, 단 열여덟 명의 선원만이 귀환했지만, 이는 인류 최초의 세계일주로서 지구가 둥글다는 사실을 입증한 역사적 사건이었습니다. 항해 도중 마젤란 해협을 발견했으며, 태평양이라는 이름을 붙인 것도 마젤란이었습니다. 하지만 그는 필리핀 막탄 섬에서 추장 라푸라푸와의 전투 중 전사하여 끝내 본국으로 돌아가지 못했습니다. 오늘날 필리핀에는 마젤란을 침략자로, 라푸라푸를 침략자를 물리친 영웅으로 기리는 기념비가 세워져 있어, 역사를 바라보는 관점이 시대와 지역에 따라 다를 수 있음을 보여 줍니다.

▲ 마젤란이 세계일주를 했던 빅토리아호

1517년 — 루터의 종교개혁

로마 교황 레오 10세 때, 성 베드로 대성당이 건축·보수 비용을 마련하기 위해 **면벌부**免罰符* 를 판매하자 독일 비텐베르크 대학의 신학 교수였던 마르틴 루터가 그에 대한 「95개조 반박문」을 게재하고, 로마 교회의 부패를 정면으로 공격하면서 종교개혁이 시작되었습니다.

▼ 「95개조 반박문」

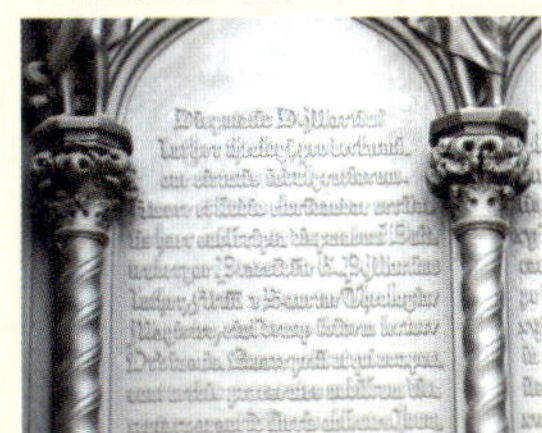

★**면벌부** 벌을 사면해 주는 문서. 중세 로마 가톨릭교회가 금전이나 재물을 바친 이에게 그만큼의 벌을 감면해 줬다는 증표로 발행했다. 800년경 레오 3세가 교회 운영을 위해 처음 상품화하기 시작했다.

1519년 — 기묘사화

중종은 명망 있는 **사림*** 인 조광조를 등용했습니다. 조광조는 성리학을 바탕으로 한 이상 정치를 펼쳤습니다. 먼저 그는 국가 재정을 바로잡기 위해 76명의 공신들에게 내려진 공훈을 삭제하고, 현량과를 설치하여 새로운 인재를 등용하였습니다. 이에 위기감을 느낀 훈구파는 모의 끝에 바늘로 꿀을 찍어 나뭇잎에 '주초위왕'走肖爲王* 이라는 글자를 새기고 벌레가 파먹게 한 뒤, 이를 중종에게 보여 주며 조광조가 반역을 꾀한다는 모함을 꾸몄습니다. 개혁을 강조하는 조광조에게 이미 지쳐 있던 중종은 결국 강직한 그에게 사약을 내렸고, 사림파가 다시 피해를 입게 되었습니다. 이 사건이 바로 기묘사화입니다.

★**사림** 조선 전기, 산림에 묻혀 유학 연구에 힘쓰던 선비 집단이다. 성종 이후 김종직을 시작으로 점차 정계에 진출하였으며, 공신 관료 집단인 훈구파와 대립하면서 여러 차례 사화로 피해를 입었다.

아스테카 문명의 멸망

★몬테수마 2세 고대 멕시코의 9대 황제. 코르테스 등이 침입했을 때, 그들을 신의 자손으로 오인하여 제대로 저항하지 못하고 결국 포로가 되어 살해되었다.

▲ 아스테카 문명의 피라미드

에스파냐의 시골 귀족 출신인 코르테스는 배 11척, 병사 508명, 그리고 선원 100여 명과 말 16필을 거느리고 유카탄 반도로 들어갔습니다. 아스테카 제국의 분열을 틈타 제국의 마지막 황제 **몬테수마 2세**★를 사로잡아 감옥에서 죽인 다음, 15세기 이래로 계속 번영했던 아스테카 제국을 멸망시켰습니다. 이로써 광활한 멕시코 지역이 에스파냐의 식민지가 되었습니다.

무굴 제국의 성립

무굴 제국은 16세기 초부터 19세기 중엽에 이르기까지 300여 년간 존속하며 인도 남부 지방을 제외한 인도 전역을 통치했던 국가입니다. 무굴 제국을 세운 바부르는 몽골의 후예로, 아버지는 티무르의 자손이었고 어머니는 칭기즈 칸의 후예였습니다. 그는 델리 왕조를 무너뜨리고 무굴 제국을 세웠습니다. 무굴 제국의 3대 황제인 아크바르 대제 때 제국의 통치 기반이 확립되었고, 아프가니스탄에서 벵골 만을 거쳐 데칸 고원까지 이르는 영토를 확보했습니다.

오스만 제국, 빈 포위

16세기에 전성기를 맞이한 오스만 제국은 술탄이 이슬람교의 종교 지도자인 칼리프를 겸하면서 이슬람 세계의 실질적인 지배자가 되었습니다. 특히 10대 술탄인 술레이만 1세 때, 오스만 제국은 아시아·유럽·북아프리카 전역으로 영토를 확장하며 황금기를 맞이하며, 술레이만 법전을 펴냈습니다. 또한 활발한 정복 활동을 이어가 1526년 모하치 전투에서 대승을 거두어 헝가리 왕 라요시 2세를 전사하게 했습니다. 3년 뒤에는 신성 로마 제국의 수도 빈을 포위해 함락에는 실패했지만, 그 기세만으로도 유럽 전역을 공포에 몰아넣었습니다.

▲ 술레이만 1세

잉카 제국의 멸망

코르테스가 아스테카 제국을 멸망시킨 데에 자극받은 피사로는 잉카 제국의 마지막 황제인 아타우알파를 만난 자리에서 기습적으로 포로로 잡으며 잉카인들에게 몸값을 요구했습니다. 잉카인들이 엄청난 양의 금을 모아 피사로에게 바치고 태양신에서 가톨릭으로 개종하겠다는 약속을 했음에도 불구하고, 아타우알파를 교수형에 처했습니다. 이로써 15세기부터 번영하던 잉카 제국은 멸망했고 에스파냐의 지배하에 들어갔습니다.

▶ 비라코차. 잉카 신화에 나오는 창조의 신으로 태양신으로 숭배됐다.

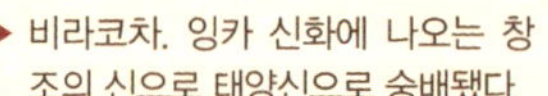

영국 국교회의 성립

영국의 **헨리 8세**[*]는 왕비 캐서린의 시녀였던 앤 불린과의 결혼을 위해, 이혼을 허락하지 않는 로마 가톨릭 교회와의 단절을 선언했습니다. 그리고 영국 국왕을 영국 교회의 최고 수장으로 하는 수장령首長令을 제정하고 종교개혁을 단행했습니다.

▶ 영국 국교회의 중심 교회인 캔터베리 대성당

★**헨리 8세** 왕비와의 이혼 문제를 계기로 교황과 대립하고 스스로 영국 국교회의 수장이 되었다. 화려한 여성 편력으로 여섯 번 결혼을 하였고 그중 앤 불린 등 두 명의 왕비를 간통죄로 참수하였다. 그에 의해 튜더 왕조의 강력한 왕권이 수립되었다.

칼뱅의 종교개혁

프로테스탄트[*]인 칼뱅은 프랑스 왕 프랑수아 1세의 종교적 박해를 피해 스위스 바젤로 간 후 제네바에서 종교개혁에 성공했습니다. 그는 이곳에서 **장로제**[*]를 도입하고, 인간의 구원은 신에 의해 미리 예정되어 있다는 예정설을 주장하며, 엄격한 신앙 생활과 근검 절약을 강조했습니다. 그의 개혁 사상은 자본주의 정신의 밑바탕이 되었습니다.

★**프로테스탄트** '항거하는 사람들'이라는 의미로 로마 가톨릭에서 분리되어 나온 신교도를 일컫는다. 그중 칼뱅파는 네덜란드에서는 고이센, 프랑스에서는 위그노, 영국에서는 장로파라고 불렀다.

★**장로제** 학문과 덕이 높은 장로들의 합의제에 의한 지배 체제

코페르니쿠스의 지동설

어떤 놀라운 사실이 일어나 근본적인 인식의 전환이 이뤄졌을 때 우리는 '코페르니쿠스적 전환'이라는 말을 쓰곤 합니다. 이것은 폴란드의 천문학자 코페르니쿠스가 당시의 천동설을 뒤엎고 지동설地動說을 주장했을 때, 당대 사람들이 느낀 충격이 어떠했을지 알 수 있는 말입니다. 이 말은 독일의 철학자 칸트가 처음 사용하면서 일반화되었습니다. 코페르니쿠스도 그 충격의 여파를 염려하여 이미 1530년경에 체계가 완성되었던 자신의 저술 『천체의 회전에 관하여』를 내지 않고 있다가, 1543년 5월 24일에야 출간됐는데, 그해 그는 세상을 떠났습니다.

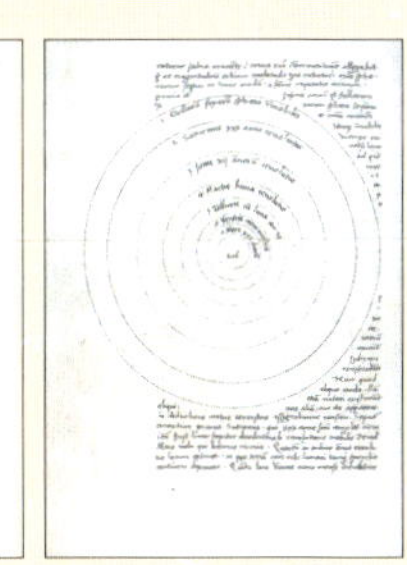

▲ 코페르니쿠스의 『천체의 회전에 관하여』 표지와 지동설을 설명한 그림

을사사화

중종의 제1 계비 장경왕후의 친정 세력인 대윤파와 제2계비의 친정 세력인 소윤파 간의 권력 투쟁에서 빚어진 사화로, 명종 때 일어났습니다.

1555년 아우크스부르크 화의 개최

루터를 지지하던 농민들은 제후와 교회의 권위에 맞서 농민 전쟁을 일으켰습니다. 농민 전쟁이 진정된 이후에는 루터를 지지하는 작센의 **선제후**選帝侯*를 비롯한 북부 **영방***의 신교파 제후들과, 신성 로마 제국의 카를 5세 황제 및 남부 영방의 구교파 제후들 사이에서 1546년부터 격렬한 **종교전쟁***이 벌어졌습니다. 결국 1555년 체결된 아우크스부르크 종교화의宗敎和議를 통해 루터파 신앙이 공식적으로 인정되었으며, 각 제후에게는 신앙을 선택할 권리와 종교 개혁권이 주어지게 되었습니다.

▲ 아우크스부르크 화의 개최 모습

★**선제후** 신성 로마 제국에서 1356년 황금문서에 의해 독일 황제의 선거권을 가졌던 일곱 제후를 가리켜 선제후 혹은 선거후라고 한다. 작센 왕조는 신성 로마 제국 최초의 왕조다.

★**영방** 13세기에 독일 황제권이 약화되자 봉건 제후들이 세운 지방 국가를 영방 혹은 영방국가라고 한다. 1871년 독일 통일 제국이 출현할 때까지 존속했다.

★**종교전쟁** 프랑스에서도 위그노 전쟁이 일어났다(1562~1598). 1572년에는 성 바르톨로메우 축일의 대학살이 일어나 신교도가 떼죽음을 당하자 매우 격렬해졌다. 앙리 4세는 이를 수습하기 위해 낭트 칙령을 발표하여 신교도인 위그노의 신앙의 자유를 인정해 주었다(1598).

1559년 임꺽정의 난

임꺽정은 양주의 백정 출신으로, 명종 당시 황해도와 경기도 일대까지 세력을 떨치면서 빈민들의 호응을 받아 오랫동안 관군의 추격을 물리치며 의적으로 활약했습니다. 개성과 서울까지 **신출귀몰***하던 임꺽정은 1562년 황해도 구월산에서 남치근에게 체포되었다가 서울에 압송된 후 처형되었습니다.

★**신출귀몰** 귀신같이 빠르게 나타났다가 홀연히 사라진다는 뜻으로, 그 움직임을 잘 알 수 없을 만큼 동에 번쩍, 서에 번쩍하는 것을 비유적으로 일컫는 말이다.

1571년 레판토 해전 발발

레판토 해전은 오스만 제국의 셀림 2세가 베네치아를 제압하기 위해 함대를 이끌고 베니치아령 키프로스 섬에 침입하자 베네치아 공화국이 교황 피우스 5세, 에스파냐의 펠리페 2세와 신성동맹을 맺은 다음, 200척이 넘는 크리스트교 연합함대를 구성하여 오스만 제국과 **코린트***의 레판토에서 맞대결을 벌인 전투입니다. 이 해전에서 크리스트교 연합함대는 오스만 제국의 함대를 완전히 제압하는 대승리를 거뒀습니다. 이후로 에스파냐 함대를 '무적함대'라고 부르게 되었습니다.

★**코린트** 그리스 남부 펠로폰네소스 반도의 북쪽에 있는 도시. 바울이 전도한 곳으로 유명하다.

1588년 영국, 에스파냐 무적함대 격파

레판토 해전 이후 에스파냐의 함대는 무적함대로 불렸습니다. 그러나 1588년 펠리페 2세의 무적함대는 영국 본토 상륙을 계획하다가, 오히려 **드레이크***경 등의 활약으로 영국 엘리자베스 1세의 영국 함대에 패배하였습니다. 그 결과 에스파냐의 해상권은 영국이 차지하게 되었고, 영국이 지원하고 있던 네덜란드는 독립의 기회를 맞이했습니다.

★**드레이크** 세계에서 두 번째로 세계일주를 한 탐험가이자 해적이다. 드레이크 해협을 처음 발견하였으며 엘리자베스 1세에 의해 기사 작위를 받고 무적함대 격파에 큰 공을 세웠다.

▲ 에스파냐 무적함대와 맞선 영국 함대

도요토미 히데요시, 일본 전국 통일

오다 노부나가가 뜻하지 않은 습격으로 자결하며 생을 마치자, 그의 가신家臣이던 도요토미 히데요시는 오다 노부나가의 원수를 갚은 뒤, 오다의 생전 숙원이었던 전국 통일을 위한 정벌에 나섰습니다. 도요토미는 **도쿠가와 이에야스**★와 동맹을 맺은 다음, 간토와 오우 지방을 정벌하여 내전을 종식시키고, 일본 전국시대를 통일하였습니다.

★**도쿠가와 이에야스**
도요토미 히데요시의 밑에 있었으나 그가 죽은 뒤 도요토미 일족을 멸하고 전국을 제패했다. 에도 막부를 세웠다.

한국은?

임진왜란 발발

선조 25년(임진년)에, 일본의 도요토미 히데요시가 중국 대륙까지 침략하겠다는 야심을 가지고 조선을 공격해온 전쟁이 바로 임진왜란입니다. 부산진 첨사 정발과 동래 부사 송상현이 순국한 데 이어, 배수진을 치고 왜군을 막던 장군 신립申砬마저 충주 탄금대에서 패하면서, 선조는 한양을 버리고 평양을 거쳐 의주까지 피난을 가는 수난을 겪었습니다. 그러나 이순신의 거북선을 이용한 활약과 곽재우, 유정대사 등 의병들의 봉기로 임진왜란의 국난을 극복할 수 있었습니다.

▲ 거북선 복원 모습

한국은?

정유재란 발발

임진왜란에서 불리해진 일본은 조선을 도와주기 위해 온 명나라에게 조선을 배제한 휴전 회담을 제안했습니다. 그러나 이 회담은 '명의 황녀를 일본의 후비로 보내라', '조선의 팔도 중 네 곳을 일본에 넘겨라', '조선의 왕자와 대신 열두 명을 인질로 보내라' 등 말도 안 되는 일본의 조건으로 결국 교섭이 결렬되었습니다. 이후 일본은 전열을 가다듬고 임진왜란 이후 다시 침입을 감행했는데, 이것이 바로 2차 침략인 정유재란입니다. 이순신 장군이 **백의종군**白衣從軍★ 뒤에 복귀했을 때, 남아 있는 배는 고작 열두 척이었습니다. 이 배를 가지고 133척의 왜선을 대파시킨 해전이 명량대첩입니다.

★**백의종군** 흰옷을 입고 군대를 따른다는 뜻으로, 아무 벼슬 없이 참전했음을 일컫는다.

영국, 동인도 회사 설립

영국의 엘리자베스 1세 때 설립된 동인도 회사는 중상주의 시대에 인도의 특산품인 향료 무역의 독점권을 확보하기 위해 국왕의 특허를 받아 설립한 회사입니다. 영국의 동인도 회사는 네덜란드의 동인도 회사와 프랑스의 동인도 회사와의 경쟁에서 승리하여 인도를 영국의 식민지로 만드는 데 일등 공신이 되었습니다. 19세기 중반까지 영국 정부의 대리인으로 인도에서 막대한 이윤을 취하는 악명 높은 활동을 전개해 갔습니다.

▲ 영국 동인도 회사

시대를 초월해 현대에도 널리 읽히는 16세기의 명저

14세기 이탈리아를 중심으로 시작된 르네상스 운동이 16세기에는 알프스 산맥을 넘어 유럽 대륙으로 확산되었습니다. 〈천지창조〉, 〈최후의 심판〉, 〈다비드〉 등의 작품을 남긴 미켈란젤로, 〈모나리자〉, 〈최후의 만찬〉으로 유명한 레오나르도 다빈치, 〈성모상〉으로 감동을 주는 라파엘로는 이탈리아 르네상스를 대표하는 3대 작가입니다. 그러나 16세기까지도 알프스 이북의 유럽 대륙은 여전히 교회가 부패해 있었고, 교황의 권위가 존재하였으며, 각종 부조리가 넘쳐났습니다. 이때 교회와 사회를 비판한 서적이 출간되기 시작했는데, 그 대표적 저서가 에라스뮈스(1466년~1536년)의 『우신예찬愚神禮讚』과 토머스 모어(1478년~1535년)의 『유토피아』입니다. 시대를 넘어 현대의 교양서로 널리 읽히고 있는 두 명저 중 『우신예찬』을 집중 조명해 보려고 합니다. 그리고 이와는 대조적으로, 정치를 꿈꾸는 사람들의 필독서로 자리 잡은 마키아벨리의 『군주론』도 함께 살펴보겠습니다.

금서가 된 베스트셀러, 에라스뮈스의 『우신예찬』

에라스뮈스는 네덜란드의 수도사이며 신학자이자, 알프스 이북의 르네상스 시대를 대표하는 인문주의자입니다. 당시 네덜란드를 비롯한 유럽

북부에서는 교회의 권위와 부패가 여전했습니다. 그는 파리 대학에서 신학을 수학하고 그리스어를 공부하며 성서 연구에 몰두했는데, 이때 교회가 얼마나 부패하고 타락했는지를 절실히 깨달았습니다.

1511년부터 3년간 이탈리아의 여러 도시를 여행하고 런던으로 돌아온 그는 절친한 친구 토머스 모어의 집에 머물며, 불과 열흘 만에 독설과 풍자로 가득한 역사적 우화를 완성하니, 그것이 바로 『우신예찬』입니다. 이 책은 '어리석음'의 여신 모리아를 내세워 교회와 사회에 대한 모순을 통렬하게 비판합니다. 그 내용을 살펴볼까요?

"요즘 교황은 가장 어려운 일들은 베드로와 바울에게 맡기고, 호화로운 의식과 즐거운 일만 찾는다. 교황은 바로 나, **우신**愚身* 덕분에 우아한 생활을 하고 있다. 그들보다 근심이 덜

★우신 여기서의 우신은 '어리석은 몸'이라는 뜻으로, 자기의 몸을 스스로 낮춰 이를 때 쓰는 일인칭 대명사다. 『우신예찬』의 우신은 어리석은 신의 대명사 모리아를 일컫는다.

한 사람들은 없다. 왜냐하면 연극이나 다름없는 화려한 교회의식에나 모습을 드러내고 지존이니 지성이니 하는 칭호를 받으며, 미사를 집전할 때 축복이나 비난의 말을 전하고 감시의 눈만 번쩍이면, 충분히 그리스도에게 충성을 다했다고 생각하기 때문이다.”

이 책은 파리에서 출간되자마자 단숨에 베스트셀러가 되었고, 동시에 당국에 의해 금서禁書가 되기도 했습니다. 그러나 권력 집단의 어리석음과 오만, 독단, 부조리와 부패에 대한 날카로운 풍자와 비판은『돈키호테』를 쓴 세르반테스나『햄릿』등을 쓴 셰익스피어와 같은 당대의 작가들뿐 아니라 현대 칼럼리스트들에게도 영향을 끼치며, 꾸준히 스테디셀러의 자리를 지키고 있습니다. 에라스뮈스는『유토피아』를 저술한 토머스 모어와 함께 동시대 최고의 지성인으로 손꼽히며, 여전히 ‘세상의 빛’이라는 별명으로 불리고 있습니다.

정치가들의 필독서, 마키아벨리의『군주론』

‘마키아벨리즘’이라는 단어를 알고 있나요? 16세기 이탈리아의 정치 사상가 마키아벨리(1469~1527)가 저술한『군주론』에서 유래한 말로, 권력을 잡기 위해 수단과 방법을 가리지 않고 권모술수를 구사하는 것을 가리킵니다. 마키아벨리는 근대 정치사상의 초석이 된 대표적 저술인『군주론』에서 ‘군주’란 어떠해야 하는지에 대해 자세히 구술했습니다. 군주는 때로 여우와 같은 간사한 지혜(책략)와 사자와 같은 힘(무력)을 사용할 필요가 있는데, 신의가 두텁고 종교심이 있으며 고매한 인격을 가진 사람으로 보여야 하지만, 실제로 꼭 그럴 필요는 없다고 주장했습니다. 그의 대표적인 주장을 몇 가지 살펴볼까요?

"악덕 없이 권력을 유지하기 어려울 때는 그로 인해 악덕의 오명汚名을 뒤집어쓰는 것을 결코 주저하지 말아야 한다."

"모름지기 군주는 두려움과 사랑을 동시에 받아야 한다. 그러나 그 두 가지를 함께 누리기는 어려우므로 둘 중 하나를 포기해야 한다면, 사랑을 받기보다 두려움을 받는 편이 안전하다."

"선행은 되도록 천천히 군주의 이름으로 베풀고, 악행은 되도록 재빠르게 부하의 이름으로 저지르는 것이 좋다."

군주에게 서슴지 않고 악행을 권유하는 마키아벨리를 두고 '철저한 현실주의자', '교활한 정치책략가', '악의교사'라는 수식어가 붙어왔습니다. 그러나 그의 군주론은 시대의 산물로, 조각조각 도시국가로 나뉜 이탈리아를 통일시켜 옛 로마 공화정共和政의 영광을 되찾기 위한 노력의 일환이었습니다. 그는 원래 피렌체 공화정 시대의 외교관이었는데, 피렌체가 메디치 가문에 의해 군주국으로 바뀌면서 해임되었습니다. 재기를 노리던 그는 다년간의 외교와 정치 경험을 토대로 『군주론』을 집필했고, 이 책을 메디치 가문에 헌정하면서 이탈리아의 통일이 이러한 방법으로 이루어지기를 원했습니다. 인간의 속성을 적나라하게 꿰뚫어 보고, 군주들에게 현실적인 대처를 권유한 그의 『군주론』은 근대 정치사상의 분수령이 되어 오늘날까지도 깊은 영향을 미치고 있습니다.

▲ 『군주론』의 표지

콜럼버카가 아닌
'아메리카'로 불린 까닭은?

★**지팡구** 쇼토쿠 태자가 중국에 편지를 보낼 때, '해가 나오는 곳'이라는 뜻에서 '니혼(닛폰)'이라 썼고, 중국 남방에서는 이것을 '짓퐁'이라 발음했는데, 마르코 폴로가 『동방견문록』에서 '지팡구'라고 소개했다. 이것이 영어로 옮겨지면서 전 세계에 재팬^Japan 이라 알려졌다.

콜럼버스는 죽을 때까지 자신이 발견한 곳을 아시아의 일부라고 생각했습니다. 그가 상륙한 히스파니올라 섬의 원주민들이 금으로 치장한 것을 보고, 마르코 폴로가 말했던 '지붕이 황금으로 뒤덮인 **지팡구***'라고 생각한 것입니다.

또 쿠바를 중국으로 착각해, 쿠빌라이 칸을 만나기 위해 부하들을 섬에 보내기도 했습니다. 그는 원주민들도 인도 사람이라는 뜻으로 '인디오'라고 불렀습니다. 그 영향으로 지금도 세계지도는 처음 콜럼버스가 상륙한 카리브해 지역을 '서인도 제도'로 표기하고 있습니다.

그렇다면 이곳이 인도가 아니라, 유럽인이 몰랐던 새로운 대륙이라는 사실을 알아낸 사람은 누구일까요? 바로 아메리고 베스푸치입니다. 그는 이탈리아 피렌체 출신으로, 1491년부터 에스파냐 세비야의 피렌체 메디치 가문의 무역관으로 일했습니다. 1497년에서 1503년까지 네 차례에 걸쳐 대륙을 탐험하면서, 그곳이 아시아가 아니라 유럽인들에게 한 번도 알려지지 않은 신대륙임을 알게 되었습니다. 1503년 그는 자신의 탐험담을 담은 『신세계』라는 작은 책을 발간했는데, 매우 흥미롭고 재미있어 당시 널리 읽혔습니다. 그로부터 2년 후에는 『4회의 항해에서 새로 발견된 육지에 관한 아메리고 베스푸치의 서한』이 출간되기도 했습니다. 또 2년 후 이에 근거해 독일의 지리학자 마르틴 발트제뮐러가 『세계지 입문』을 펴내면서 세계지도에 처음으로 '신세계', '신대륙'임을 발견한 아메리고의 이름을 딴 '아메리카'가 표기되었습니다. 이것이 그대로 수용되면서, 콜럼버스가 발견한 땅의 이름은 '콜럼버카'가 아닌 '아메리카'로 불리게 되었습니다.

밀레니엄 시대의 뛰어난 역사적 인물, 엘리자베스 1세

★**성공회** 영국 국교회라고도 한다. 헨리 8세의 이혼 문제로 로마 가톨릭교회에서 갈라져 나와 영국의 국왕을 수장으로 하여 성립된 교회를 일컫는다.

요절한 이복동생 에드워드 6세에 이어 영국 최초의 여왕에 오른 메리 1세는 헨리 8세와 캐서린(아라곤 공주) 사이에서 태어난 딸입니다. 그는 열렬한 가톨릭 신자로, 300여 명의 **성공회**★와 신교도 사람들의 목숨을 빼앗아 '피의 메리Bloody Mary'라는 악명을 얻었습니다.

엘리자베스는 앤 불린의 딸이자 신교도로, 메리 치세 때 런던탑에 갇히는 등 목숨을 위협받았습니다. 그러나 메리 1세가 서거하자 25세의 나이로 왕위를 계승했습니다. 엘리자베스 1세는 지난 2000년을 맞아 실시된 조사에서 '역사학자들이 뽑은 밀레니엄 시대가 낳은 역사적 인물' 중 한 명으로 선정되었을 정도로 대영大英 제국Great Britain의 기반을 탄탄하게 다진 인물입니다. 영국인들이 건너가 개척한 아메리카 주의

이름을 '버지니아Virginia'로 부른 것은 일생을 처녀virgin로 살면서 "나는 국가와 결혼하였다"라는 말을 남긴 그녀를 상징하기 위함이었습니다. 그가 세운 무역 독점 회사인 동인도 회사는 세계로 뻗어나갔고, 에스파냐의 무적함대를 격파해 해상권을 장악했으며, 메리 여왕의 탄압에 의해 위축되었던 성공회도 다시 일으켜 세웠습니다. 또한 화폐 개혁을 단행하면서, 농토를 갈아엎고 양을 키우는 **인클로저**enclosure★ 운동으로 농민들이 살길을 잃어버리자 영국 최초로 백성을 구제하기 위한 구빈법救貧法을 실시하기도 했습니다. 그의 통치 시기는 문예 부흥기로 국민 문학의 황금기였습니다. 세계적 문호 셰익스피어, 유명한 시인 스펜서, 경험론을 주장한 베이컨 등이 모두 엘리자베스 1세 때에 활약한 인물들입니다.

★인클로저 영국에서 양모 산업이 발달하면서 영주나 대지주가 양을 키우기 위해 농토 대신 울타리를 쳐 목초지로 만들었다.

전장에서 승리한 지장 이순신

충무공 이순신 장군을 '지장智將'이라고 소개한 이유는 힘으로만 전쟁을 이끈 것이 아니라, 지혜와 슬기로 전쟁을 수행했던 장군이기 때문입니다. 임진왜란 당시, 그가 진두지휘한 '거북선'의 우수성에 대해서는 『조선왕조실록』에 상세히 기록되어 있습니다.

"배 위에 판목을 깔아 거북이 등처럼 만든 뒤, 그 위에는 우리 군사가 겨우 통행할 수 있을 만큼 좁은 십자로를 내고, 나머지에는 모두 칼이나 송곳 같은 것을 줄지어 꽂았다. 그리고 앞쪽은 용의 머리를 만들어 그 입은 대포 구멍으로 활용했으며, 뒤쪽에는 거북의 꼬리를 만들어 그 밑에 총구멍을 설치했다. 좌우에도 총구멍이 각각 여섯 개가 있었고, 군사는 모두 그 아래에 숨어 있도록 했다. 사면으로 포를 쏠 수 있게 했고, 전후좌우로 이동하는 것이 마치 나는 것처럼 빨랐다."

전략적인 면에서도 그는 지략이 뛰어난 명장이었습니다. **한산도***대첩 당시, 그는 학이 날개를 편 듯 진을 치는 '학익진鶴翼陣' 형태로 군선들을 포진하게 하여 왜선을 포위한 다음, 63척을 불살라 버렸습니다. 그뿐만 아닙니다. 섬과 섬, 섬과 육지를 연락하기 위한 통신 수단으로 각종 전술 신호와 암호 수단이 적힌 방패 모양의 연을 날려 명령을 내렸습니다. 이를 위해 약 80개의 방패연이 사용되었는데, 그림과 색깔에 따라 그 지시 내용이 달랐습니다.

그가 모략에 빠져 백의종군하다가 돌아왔을 때, 남아 있는 배는 고작 열두 척뿐이었습니다. 그런데도 그는 "신臣에게는 아직 열두 척의 배가 있사옵니다"라고 오히려 선조를 위로하는 글을 올렸습니다. 그러고는 **울돌목***의 빠른 물살을 이용하여 왜선 133척을 섬멸함으로써 '명량대첩'의 승리를 이뤄냈습니다. 그는 노량해전에

★**한산도** 경남 통영시 한산면閑山面에 있는 섬. 육전에서 사용하던 학익진 전술을 처음 한산섬에서 펼쳤다.

★**울돌목** 명량 해협. 전남 해남군 화원 반도와 진도 사이에 있는 좁은 바다

★『난중일기』이순신이 임진왜란이 일어난 1592년부터 1598년까지의 일을 직접 간결하고 명료하게 기록한 일기다. 총 9책이며, 국보로 지정돼 있다.

★수루 적군의 동정을 살피기 위해 성 위에 만든 누각

서 적의 유탄에 맞아 숨지는 그 순간까지 자신의 죽음을 알리지 말라고 부탁하며, 조국을 위해 헌신했던 충직한 무신이었습니다.

그가 임진왜란 중 『난중일기^{亂中日記}』★에 남긴 시 한 수가 우리의 마음을 울립니다.

한산섬 달 밝은 밤에 **수루**^{戌樓}★에 홀로 앉아

긴 칼 옆에 차고 깊은 시름 하는 차에

어디선가 들리는 한 곡조의 피리 소리는 남의 애를 끊나니

– 『난중일기』 중 1597년 8월 15일 보성 열선루^{列仙樓}에서

16세기를 빛낸 조선 여성들이 있다면?

조선은 성리학을 중심으로 하는 유교 지상주의 국가입니다. 유교적 예속 생활이 이루어지면서 여성들의 사회 활동은 제약되었고 여성을 옥죄는 각종 윤리가 만들어졌습니다. 여성들은 자유롭게 바깥나들이를 하지 못하고 규방에서 살아야 하는 삶이 이어졌습니다. 이러한 시기에 사회적 제약을 이겨내며 조선을 빛낸 여성들이 있었습니다. 신사임당, 황진이, 허난설헌이 그 주인공들입니다. 모두 16세기의 여성들이랍니다.

먼저 신사임당^{申師任堂}(1504~1551)은 대한민국 화폐에 유일하게 여성으로 도상이 들어갔으며 율곡 이이를 훌륭하게 키워낸 여성입니다. 그러나 화폐에 들어가게 된 것은 율곡 이이를 키워내고 남편인 이원수를 잘 보필한 현모양처여서가 아니라 그녀가 조선을 대표하는 시·서·화에 능한 여류 화가이기 때문입니다. 신사임당이 그린 풀벌레 그림인「초충도」는 매우 절묘하게 사실적으로 그려져 보는 이의 감탄을 자아냈고,

고향인 강릉을 떠나며 어머니를 그리워 하는 시, 「유대관령망친정^{踰大關嶺望親庭}」 등에는 문학적 감수성이 짙게 배어 있답니다.

　이번에는 16세기를 빛낸 여류 문인을 소개하겠습니다. 뭇 남성들이 그 아름다움에 고개를 숙였다는 개성 기생 황진이는 중종 때 여성으로 시·서·화와 거문고 등 음률에 뛰어나 대학자 서화담, 박연 폭포와 함께 '송도3절^{松都三絕}'로 불렸습니다. 한시 여섯 수가 전해지는데 그 중 가장 유명한 것이 인생의 덧없음을 노래한 「청산리 벽계수야」라는 시입니다.

　한글 소설 「홍길동전」의 작자로 잘 알려진 허균의 누이인 허난설헌(1563~1589)은 본명이 허초희입니다. 8세에 지은 글이 매우 뛰어나 아버지 허엽과 둘째 오빠 허봉의 아낌없는 사랑을 받으며 한학을 깊이있게 공부할 수 있었지요. 하지만 시집간 이후에는 매우 불우한 삶을 살았어요. 너무 똑똑하다고 시댁 어른들 눈에 밉보였고 남편도 사랑을 주지 않고 등을 돌렸어요. 유일한 희망이던 어린 남매마저 병으로 세상을 떠나자 삶을 이어가지 못하고 고작 27살에 눈을 감았지요. 허난설헌은 생을 마치면서 자신의 작품을 모두 불태우라고 하였지만 누이 작품의 가치를 잘 알고 있는 동생 허균이 집에 남아 있는 것과 자신이 암송해 두었던 작품 등을 명나라 사신에게 전하여 1606년 중국에서 「난설헌고^{蘭雪軒藁}」라는 시집이 출간되었습니다. 그녀의 작품은 현재까지 213편이 전해지고 있습니다.

　조선은 여성들에게 각종 제약을 두었지만, 조선의 여성들은 바위 틈에서 굳굳하게 자라는 들풀같이, 곳곳에서 조선을 빛내는 촛불로 타올랐답니다.

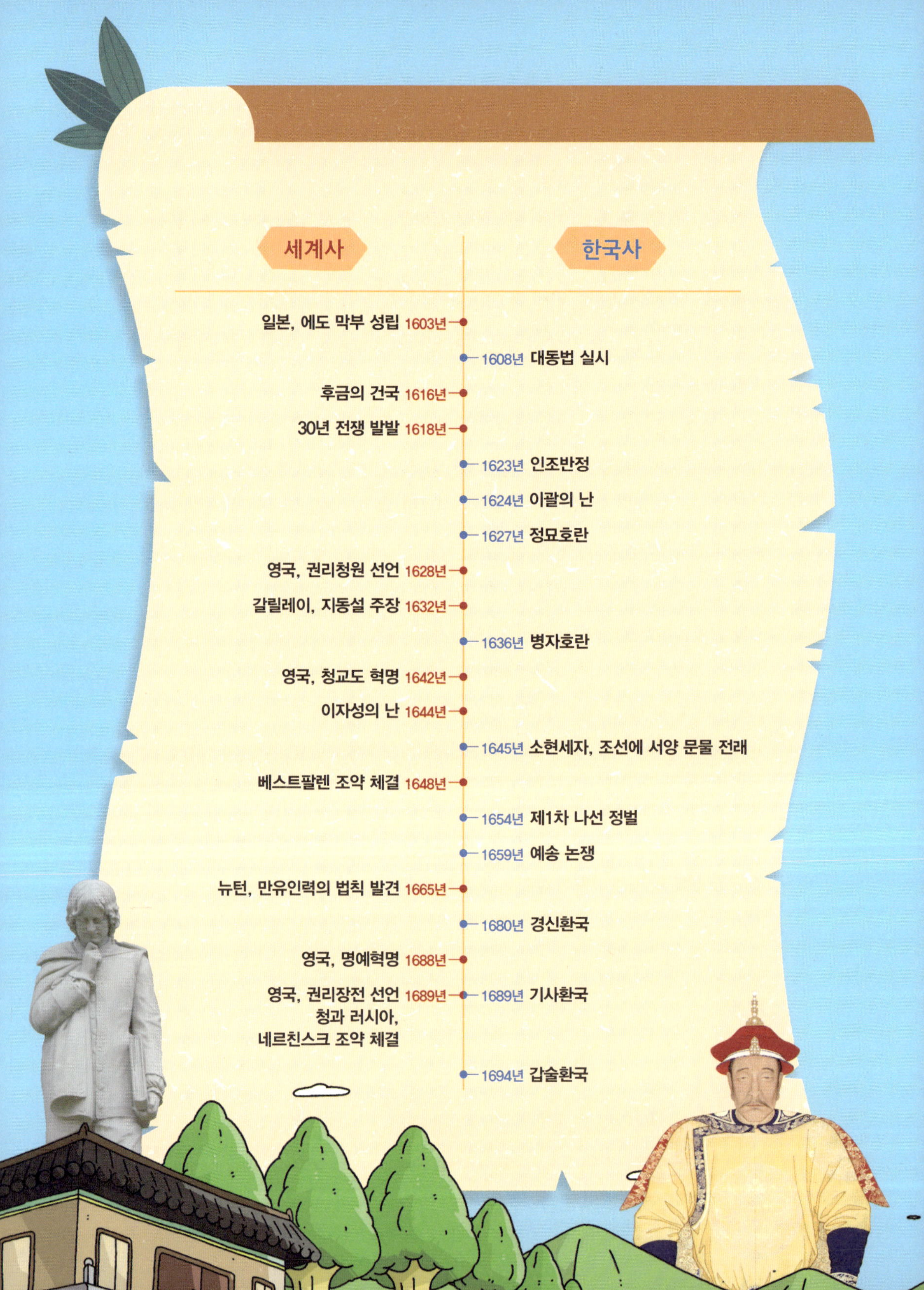

세계사
한국사

일본, 에도 막부 성립 1603년
1608년 대동법 실시
후금의 건국 1616년
30년 전쟁 발발 1618년
1623년 인조반정
1624년 이괄의 난
1627년 정묘호란
영국, 권리청원 선언 1628년
갈릴레이, 지동설 주장 1632년
1636년 병자호란
영국, 청교도 혁명 1642년
이자성의 난 1644년
1645년 소현세자, 조선에 서양 문물 전래
베스트팔렌 조약 체결 1648년
1654년 제1차 나선 정벌
1659년 예송 논쟁
뉴턴, 만유인력의 법칙 발견 1665년
1680년 경신환국
영국, 명예혁명 1688년
영국, 권리장전 선언 1689년
청과 러시아,
네르친스크 조약 체결
1689년 기사환국
1694년 갑술환국

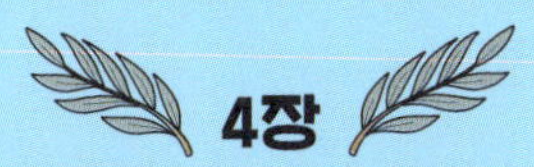

4장

근대 시민혁명의
돛을 올리다

17세기 중국은 후금이 청으로 국호를 바꾸고 정묘호란^{丁卯胡亂}과 병자호란^{丙子胡亂}을 일으켜 조선을 침공했습니다. 청의 전성기는 '강건성세'라 불리는 강희제, 옹정제, 건륭제 통치 시기입니다. 특히 강희제는 '천고일제^{千古一帝}'라 하여, 1000년에 한 번 나올 법한 훌륭한 정치를 펼친 성군으로 평가됩니다. 강희제 시대인 17세기 말에는 러시아와 네르친스크 조약을 맺어 국경선도 확정했습니다.

같은 시기 서유럽은 오랜 중세의 껍질을 벗고 근대의 세계로 나아갔습니다. 영국에서는 청교도혁명과 명예혁명이 일어나 근대 시민혁명의 돛을 올렸고, 30년간 이어진 종교전쟁도 막을 내렸습니다.

그러나 우리나라는 계속된 정묘호란과 병자호란의 폐해로 소현세자, 봉림대군을 비롯한 수많은 백성이 포로로 끌려가는 고통을 겪었습니다. 오랜 포로 생활 끝에 왕위에 오른 효종은 청에 대한 복수를 다짐하며 북벌 운동을 추진했으나, 10년 만에 병사^{病死}하면서 뜻을 이루지 못했습니다. 붕당 간에 예송 논쟁이 벌어지며 정치적 분쟁이 심화되었습니다.

1603년 일본, 에도 막부 성립

도요토미 히데요시에 이어 정권을 잡은 **쇼군**將軍★ 도쿠가와 이에야스는 에도(도쿄)를 중심으로 막부를 세우고 에도 시대를 열었습니다. 에도 시대는 15대 쇼군 도쿠가와 요시노부가 1867년에 정권을 천황에게 반환할 때까지 260여 년간 지속되었으며, 대외적으로는 쇄국(통상 수교 거부) 정책을 실시했습니다.

★**쇼군** 일본 도쿠가와 막부의 우두머리를 가리킨다.

▶ 도쿠가와 이에야스

1608년 대동법 실시

조선 시대의 조세租稅 제도는 토지 수확물 중 10분의 일을 내는 '전세田稅', 국가의 토목공사에 동원되거나 국방의 의무를 행해야 하는 '역役', 그리고 지방의 특산물을 현물로 납부하는 '공납貢納'이 있었습니다. 대동법은 광해군이 즉위하던 해에 영의정 이원익에 의해 경기도에 한해서 실시된 것으로, 공납의 불편함을 개선하기 위해 현물 대신 쌀로 통일해 바치게 한 제도입니다. 이후 16대 인조 때는 충청도까지, 그리고 19대 숙종 때에는 김육의 건의로 전국으로 확대 실시되었습니다.

1616년 후금의 건국

명나라가 조선을 돕기 위해 원군을 보낸 틈을 타서 여진족의 추장 누르하치는 부족 대부분을 통일하고 스스로 칸에 올라 나라 이름을 '후금'이라고 칭했습니다. 이후 누르하치의 아들 홍타이지는 조선을 두 차례 침입하여 정묘호란과 병자호란을 일으켰으며, 나라 이름도 대청으로 바꾸었습니다. 그가 청 태종입니다.

◀ 누르하치

1618년 30년 전쟁 발발

30년 전쟁은 가톨릭 국가(에스파냐 등)와 신교 국가(영국·네덜란드·스웨덴·덴마크 등)가 뒤엉켜 벌인 전쟁으로, 세계사 최초의 국제 전쟁이자 마지막 종교전쟁으로 불립니다. 독일은 전쟁터로 변했고, 이름처럼 30년 동안(1618~1648) 전쟁의 참화에 시달리며 인구가 크게 줄었습니다. 전쟁이 끝난 뒤 유럽에서는 로마 가톨릭, 루터파, 칼뱅파가 공존하게 되었고, 교황과 신성 로마 제국 황제의 권한은 약화되었습니다. 또한 유럽의 세력 균형이 새롭게 형성되면서, 에스파냐와 합스부르크가의 힘은 줄어든 반면 프랑스의 영향력은 더욱 커졌습니다.

1623년 　인조반정

광해군은 임진왜란 이후의 혼란한 조선을 수습했을 뿐만 아니라, 새롭게 일어난 후금과 명나라 사이에서 실리적인 중립 외교를 펼쳐 후금의 침입 위기를 슬기롭게 극복했습니다. 그러나 **붕당**朋黨★ 간의 갈등에 휘말려 인목대비를 서인庶人으로 폐출시키고 서궁에 유폐했으며, 겨우 8세 나이인 인목대비의 소생인 영창대군을 강화도로 유배 보내 죽음으로 내몰았습니다. 이에 서인들은 반정을 일으켜 광해군을 왕에서 내몰고 능양군을 왕으로 추대하니 그가 16대 임금 인조이며, 이 사건을 인조반정이라고 합니다.

★**붕당** 정치적 이념과 학맥에 따라 이루어진 집단을 이르던 말. 붕당 정치는 선조 때에 인사권을 가진 전랑의 자리를 놓고 동인(북인·남인)과 서인(노론·소론)으로 갈라지면서 조선 후기까지 계속되었다.

1624년 　이괄의 난

인조반정에 참여한 2등 공신이며 평안도 병마절도사이자 부원수였던 이괄은 아들 이전이 반역죄로 몰려 서울로 압송되자 반란을 일으켰습니다. 이괄은 한양으로 진격해 들어왔고, 인조는 충주로 피난을 갔습니다. 이틀 만에 장만張晩이 이끄는 관군에 의해 진압되었으나, 난에 가담했던 **한윤★**이 후금으로 도망가서 지금이야말로 조선을 공격할 때라고 부추겼습니다. 이 일이 결국 정묘호란의 원인이 되었습니다.

★**한윤** 이괄의 난에 참모였던 아버지가 사형되자 그는 탈주해 금에 투항한 강홍립과 함께 금의 군사를 빌려 원수 갚기를 계획했다. 전쟁이 끝난 후에도 조선의 위법을 들어 재침략할 것을 금에 권유했다.

1627년 　정묘호란

인조반정으로 정권을 잡은 서인들은 **친명배금**親明排金★을 취하면서 명나라 패장 모문룡이 평안북도 철산 가도에 진을 치고 주둔하는 것을 은밀히 원조했습니다. 그러는 와중 후금은 '이괄의 난' 잔당들이 전쟁을 일으킬 것을 부추기면서 정묘호란을 일으켰습니다. 인조는 강화도로 피난을 갔으나 결국 전쟁에서 패배했고, 조선은 인조 5년에 후금과 형제 관계를 맺게 되었습니다.

★**친명배금** 명나라와 친밀히 지내고, 청나라를 배척하는 정책

1628년 　영국, 권리청원 선언

권리청원은 아버지 제임스 1세에 이어 절대군주로서 신교를 억압하던 찰스 1세에게 영국 의회 하원이 제출하여 승인을 얻은 국민의 인권 청원서입니다. 당시 찰스 1세는 에스파냐와의 전쟁을 위해 의회의 승인을 얻어 세금을 더 걷으려고 하면서 세금 납부를 거부하는 사람들을 재판없이 투옥하고 계엄령을 선포한 후에는 민가에서 군인들을 숙식하도록 강제했습니다. 이에 의회가 시민의 기본 권리가 명시된 권리 청원을 제출했습니다. 의회의 동의 없이는 어떠한 과세나 공채도 강제되지 않으며, 법에 의하지 않고는 누구도 체포·구금되지 않고, 육군 및 해군은 인민의 의사에 반하여 민가에 숙박할 수 없으며, 민간인의 군법에 의한 재판을 금지한다는 내용을 담고 있습니다.

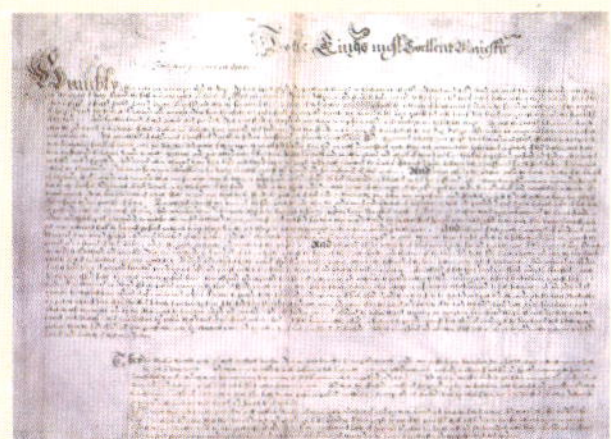

▲ 권리청원

1632년 갈릴레이, 지동설 주장

이탈리아 피렌체 출신의 물리학자이자 천문학자인 갈릴레이는 『프톨레마이오스와 코페르니쿠스의 두 주요 세계 체계에 관한 대화』를 발표하여 코페르니쿠스의 지동설이 옳음을 입증했습니다. 이 책이 로마 교황청에 의해 금서로 지정되면서, 갈릴레이는 로마 이단 심문소에서 두 차례에 걸친 종교재판을 받고 유죄를 선고받았습니다.

1636년 병자호란

▲ 병자호란 때 인조가 실제 병사를 지휘하던 남한산성 수어장대

청은 조선에 군신君臣 관계를 요구하며 청 태종 홍타이지가 직접 10만 군사를 이끌고 침입했습니다. 당시 조정은 김상헌을 중심으로 한 주전파主戰派 와 최명길을 중심으로 한 주화파主和派로 나뉘어 격론을 벌였는데 주화파 의견이 강세였습니다. 그 사이에 청군의 진군 속도가 빨라 먼저 강화도로 피신했던 원손과 왕자들이 청에 붙잡히고 강화로 가는 길도 막히자 인조는 남한산성으로 들어가 항전했습니다. 그러나 45일 만에 식량과 무기가 떨어지자 삼전도에서 굴욕적인 항복을 했습니다.

1642년 영국, 청교도 혁명

엘리자베스 1세가 세상을 떠난 뒤 왕위에 오른 제임스 1세와 찰스 1세의 스튜어트 왕가는 **왕권신수설**王權神授說★을 내세우며 의회와 대립했습니다. 당시 의회는 '젠트리'라 불린 신흥 상공업자와 자영농으로 이루어져 있었는데, 그들 대부분은 칼뱅주의 성향의 청교도들이었습니다. 찰스 1세는 권리청원 이후 의회를 해산했으나, 스코틀랜드 반란을 계기로 11년 만에 다시 의회를 소집했습니다. 이때 의회파는 올리버 크롬웰을 중심으로 왕당파와 격렬히 대립하며 결국 내전으로 돌입했습니다. 내전에서 크롬웰은 철기군을 앞세워 네이즈비 전투에서 왕당파를 물리쳤고, 1649년 1월에는 찰스 1세를 공개 처형한 뒤 공화정을 선포했습니다. 이를 청교도 혁명이라고 합니다.

★**왕권신수설** 국왕의 권리는 신에게서 받은 절대적인 것이라는 설. 결국 의회나 인민에 의해 왕권이 제한되지 않는다는 것을 기본으로 한다. 이 주장은 교황, 신성 로마 제국 황제, 제후 등을 누르고 왕권을 확립하는 데 뒷받침이 되었다.

1644년 이자성의 난

명나라 말기, 세상이 혼란해진 가운데 대기근이 찾아오자 농민 반란군에 참여했던 이자성이 세력을 키워 시안西安을 점령했고, 스스로 대순의 황제가 되었습니다. 이어 명나라의 수도인 베이징까지 쳐들어오자, 명의 마지막 황제 숭정제는 이자성의 공격을 막아 낼 수 없겠다는 생각에 왕비와 첩들, 딸마저 죽이고 징산景山에서 자살했습니다. 이로써 명나라는 277년 만에 멸망했습니다. 그러나 이듬해 명나라 장군 오삼계가 청군과 결탁하여 반격하자, 이자성은 베이징에 이어 시안마저 내주었고 농민군이 세운 나라라는 그의 꿈도 무너졌습니다.

1645년 소현세자, 조선에 서양 문물 전래

병자호란 후 청나라에 볼모로 끌려가 있던 소현세자는 청의 문물은 물론, 청에 전래된 서양 문물에도 깊은 관심을 보였습니다. 또한 독일인 예수회 선교사 아담 샬 폰 벨과도 교류했습니다. 1644년, 명이 멸망하자 영구 귀국을 허락받은 소현세자는 과학이나 천주교 등에 관한 서양 서적은 물론, 여지구(지구본)도 함께 갖고 들어와 당시 조선에 큰 문화적 충격을 주었습니다.

1648년 베스트팔렌 조약 체결

1648년, 독일의 베스트팔렌 지방의 오스나브뤼크와 뮌스터에서 두 차례에 걸쳐 회의가 열렸습니다. 그 결과 체결된 베스트팔렌 조약은 30년 전쟁을 끝내는 강화 조약으로, 아우크스부르크 종교 화의를 재확인하고 칼뱅파를 공식적으로 승인하였습니다. 또한 독일 영방국가의 영토적 주권과 통치권이 인정되었으며, 브란덴부르크–프로이센의 영토를 규정지어 훗날 강국 **프로이센**★으로 성장할 기반을 마련했습니다.

★**프로이센** '프러시아'라고도 한다. 대선제후국 브란덴부르크–프로이센이 신성 로마 제국 황제로부터 1701년 프로이센 왕국으로 인정받았다. 이로부터 170년 후인 1871년 프로이센은 독일의 통일을 달성하게 된다.

▲ 베스트팔렌 조약 비준

1654년 제1차 나선 정벌

나선羅禪이란 러시아를 뜻하는 **음역**★입니다. 청나라는 헤이룽강 일대에 러시아의 군대가 출몰하자, 조선에 협조를 요청했습니다. 효종은 마침 북벌을 계획하며 군사 훈련을 전개하고 있던 참이라 청의 요청을 받아들여 변급邊岌에게 100여 명의 조총 부대와 50여 명의 병사와 함께 출동을 명하였고, 변급은 7일 만에 승전보를 안고 돌아왔습니다. 이것이 바로 제1차 나선 정벌입니다. 그리고 1658년, 신유申瀏가 200여 명의 조총 부대를 이끌고 또다시 제2차 나선 정벌을 나섰고, 역시 좋은 성과를 거뒀습니다.

★**음역** 한자를 가지고 외국어의 음을 나타내는 일. 예컨대, 아시아를 '아세아'라고 표기하는 것 등이다.

1659년 예송 논쟁

예송 논쟁이란 왕실의 의례, 즉 상복을 입는 기간을 둘러싸고 벌어진 학문적 논쟁을 말합니다. 두 차례에 걸친 예송 논쟁은 모두 현종 대에 일어났습니다. 1659년 처음 일어난 기해 예송은 효종의 사후, 어머니 자의대비의 상복 기간을 두고 벌어진 논쟁으로 서인이 승리했습니다. 그리고 1674년 효종비가 자의대비보다 먼저 눈을 감자 다시 갑인 예송이 일어났는데, 이때는 남인이 승리했습니다.

1665년 뉴턴, 만유인력의 법칙 발견

영국의 아이작 뉴턴은 질량을 가진 물체 사이에는 중력의 끌림 현상이 있다고 하는 물리학의 법칙을 발견했는데, 이것을 '**만유인력의 법칙**'*이라고 합니다. 그는 이러한 내용을 정리해 1687년 영국 왕립협회의 후원으로 『자연철학의 수학적 원리』를 출간했습니다. 이는 '우리가 살고 있는 우주는 신의 섭리에 의해서 움직인다'고 믿어왔던 중세의 세계관에 종지부를 찍은 것으로, 17세기 과학혁명의 불을 당겼습니다.

★**만유인력의 법칙** 모든 물체는 서로 끌어당기는 힘이 작용한다는 법칙. 그 크기는 두 물체 사이에 질량의 곱에 비례하고 두 물체 사이의 거리의 제곱에 반비례한다.

1680년 경신환국

환국換局이란 집권 세력에 의해 시국이 급격히 바뀌는 것을 말합니다. 경신환국은 숙종 6년(경신년) 때에 일어났습니다. 기후와 역사의 관계는 얼마나 흥미로운지요. 비가 많이 내린 날, 집안 행사를 위해 숙종의 허락을 받지 않고 왕실에서 쓰는 기름 천막인 유악油幄을 무단으로 사용한 영의정이자 남인의 **영수***인 허적이 왕의 큰 노여움을 샀습니다. 이에 더하여 그의 서자 **허견***이 서인들에 의해 반역을 꾀한 것으로 몰려 부자가 함께 죽임을 당하면서 남인은 몰락하였고 정권은 서인이 차지하였습니다. 이 사건을 경신대출척庚申大黜陟이라고도 합니다.

★**영수** 영수는 옷깃 령衿과 소매 수袖가 합쳐진 말로 의복의 목을 감싼 부분을 말한다. 무리나 집단 중에서 남보다 뛰어나 무리를 이끄는 우두머리나 대표를 비유할 때 사용한다.

★**허견** 허견은 인조의 셋째 아들 인평대군의 아들인 복선군과 친하게 지냈는데 서인 김석주가 이들이 반역을 꾀한다고 고자질하여 복선군뿐 아니라 형제인 복창군, 복평군이 모두 죽임을 당했다. 이를 '삼복의 난三福'이라고 한다.

1688년 영국, 명예혁명 발발

영국에 왕정이 **복고***되면서 왕위에 오른 찰스 2세와 제임스 2세는 가톨릭 신앙을 강화하려 하며 의회를 탄압했습니다. 이에 영국 의회는 제임스 2세의 장녀 메리와 그녀의 남편이자 네덜란드의 총독이던 **윌리엄 경***에게 영국의 왕이 되어 줄 것을 요청했습니다. 윌리엄 경이 1만 5,000명의 군대를 이끌고 들어오자 제임스 2세는 왕위를 포기하고 파리로 망명했습니다. 이 혁명은 피 한 방울 흘리지 않고 명예롭게 이루어졌다고 하여 '명예혁명'이라 불립니다.

◀ 군대를 끌고 오는 윌리엄 경

★**복고** 왕이 다스리는 정치를 왕정이라고 하는데, 여기서 왕정 복고는 공화정이나 다른 정치 체제가 무너지고 다시 군주정으로 되돌아가는 일을 말한다.

★**윌리엄 경** 윌리엄 3세. 오렌지 공이라 불리며, 1689년에 명예혁명 이후 권리장전을 승인하고 아내 메리와 함께 즉위해 공동 통치자가 되었다.

영국, 권리장전 선언

영국 의회는 공동으로 왕위에 오른 메리 2세와 윌리엄 3세에게 **신민**臣民★의 권리와 자유를 선언하고 왕위 계승과 통치 원리를 규정하는 법률을 제출하여 승인을 받았는데, 이것이 영국 헌정사에서 매우 중요한 의미를 지니는 '권리장전權利章典'입니다. 권리장전에는 의회의 승인 없이 왕권이 법률 제정이나 집행, 과세, 상비군 유지를 할 수 없다는 점, 국민의 자유로운 청원권, 의원 선거의 자유 보장 등이 명시되었습니다. 이를 통해 영국은 입헌 군주제에 기반한 **의회 정치**★를 확립하는 결정적인 계기를 마련하였습니다.

★**신민** 왕이 세습되는 군주국에서, 관료와 백성을 아울러 일컫는 말이다.

★**의회 정치** 국민의 의사를 대표하는 의회가 국정을 운영해가는 정치. 근대 민주국가의 대표적인 정치 형태로, 정당 정치를 전제로 한다.

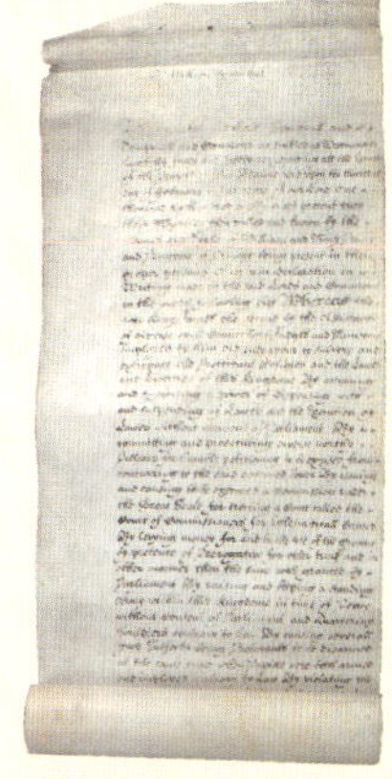

▲ 권리장전 문서

1689년 — 청과 러시아, 네르친스크 조약 체결

네르친스크 조약은 청과 러시아 사이에 국경을 확정 지은 조약입니다. 이 조약은 청이 유럽 국가와 맺은 최초의 국제 조약으로, 국제 사회에서 러시아의 위상을 드높여 줬습니다. 두 나라는 평화 조약을 맺어 헤이룽강, 케르비치강과 외싱안링外興安嶺 산맥을 경계로 국경선을 확정했습니다. 이로써 러시아의 동방 진출은 제약을 받았으나, 대신 러시아 상인들이 베이징에 들어가 무역을 할 수 있게 되면서 양국의 교류가 확대되었습니다.

1689년 — 기사환국

드라마의 단골 주제인 장희빈은 기사환국己巳換局의 중심 인물이었습니다. 남인에 속해 있던 장희빈이 숙종의 총애를 받아 아들을 낳자, 숙종은 그를 서둘러 세자로 책봉하려 하였습니다. 이에 대해 인현왕후를 지지하는 서인들의 반대가 들끓자, 숙종은 서인의 우두머리인 송시열을 유배 보낸 후에 사약을 내려 죽음에 이르게 했고, 서인들을 정계에서 내몰았습니다. 이에 정권은 남인이 독차지하였습니다.

1694년 — 갑술환국

숙종 20년, 남인들이 실각하고 노론과 소론 등 서인들이 다시 정권을 잡은 것을 갑술환국甲戌換局 혹은 갑술옥사甲戌獄事라고 합니다. 희빈 장씨가 원자를 낳자 인현왕후 민씨를 서인으로 폐출했던 숙종은 차츰 폐비 결정을 후회하게 되었습니다. 이때 노론과 소론 신하들이 폐비 민씨의 복위를 주장하자, 숙종은 남인을 귀양 보내고 인현왕후를 복위시켰습니다. 희빈 장씨는 왕비에서 다시 희빈으로 격하되었습니다. 갑술환국으로 남인들은 회생이 불가능할 정도의 타격을 받았고, 이제 정권은 서

★**윤증** 송시열의 수제자였으나 부친 윤선거의 묘지명을 송시열이 병자호란 당시 적에게 투항한 사람이었다고 성의 없이 적어 주면서 사제 간의 심각한 갈등이 생겼다. 이후 윤증은 소론을 대표하는 영수가 되어 송시열을 따르는 노론과 크게 대립하였다.

인들이 독점하게 되었습니다. 한편 서인들은 숙종 초에 남인에 대한 처벌을 놓고 강경한 처벌을 원하는 노론老論과 온건한 처벌을 원하는 소론少論으로 다시 나뉘었습니다. 특히 송시열과 제자 **윤증**★ 사이에 깊은 갈등이 생기면서 윤증을 지지하는 사람들이 소론 대열에 합류하였습니다. 소론은 경종 대에 집권 세력이 되었습니다.

17세기는
근대 철학의 시발점이자
풍자 문학의 전성시대?

17세기는 중세 시대 '신학의 시녀'라고 불리던 철학이 본격적으로 사유의 결실을 맺기 시작한 시기입니다. 영국에서는 '경험론'이, 대륙에서는 '합리론'이 대세를 이루었으며, 이러한 흐름은 다음 세기에 독일의 철학자 칸트가 완성한 '관념론'으로 이어졌습니다. 또한 토머스 홉스는 "만인에 대한 만인의 투쟁"이라는 유명한 말을 남기기도 했습니다.

한편, 17세기는 풍자 문학이 절정에 달한 시기이기도 합니다. 영국에서는 대문호 셰익스피어가, 에스파냐에서는 세르반테스가 시대를 풍자한 문학 작품을 발표하며 큰 인기를 끌었습니다.

이제 우리는 근대 철학의 양대 산맥인 경험론과 합리론을 비교·탐구하고, "만인에 대한 만인의 투쟁"이 탄생한 시대적 배경을 살펴보고자 합니다. 아울러 당시 풍자 문학이 어떤 양상을 띠었는지도 함께 알아보도록 하겠습니다.

근대 철학에서 쌍벽을 이룬 경험론과 합리론

영국의 철학자이자 정치사상가인 존 로크는 이런 말을 했습니다.

"마음이란 백지 또는 암실이며, 모든 지식은 감각과 반성을 통하여 외적으로 주어지는 문자이자 빛이다."

그는 영국 '경험론'의 창시자이며 실험과 관찰에 의한 **귀납법***을 중시했던 프랜시스 베이컨의 사상을 한층 발전시켜, 모든 인식은 경험에 의해 출발한다고 주장했습니다. 여기서 귀납법이란, 경험되고 관찰된 사실들을 수집하고 정리하여 이론이나 법칙으로 일반화하는 것을 말합니다. 그리고 프랑스의 수학자이자 근대 철학의 아버지로 추앙받는 데카르트가 주장한 "인간은 타고난 지식이 있다"라는 **본유관념**本有觀念*을 비판했습니다. 그의 이러한 사상은 조지 버클리와 데이비드 흄으로 계승되었습니다.

한편, 데카르트는 "나는 생각한다. 고로 나는 존재한다"고 말하며 인간은 타

고난 지식, 즉 본유관념이 있으므로 경험이 아니라 이성을 통해 부단히 사유하여 합리적인 결론을 이끌어 내야 한다고 주장했습니다. 이것이 바로 '합리론'입니다. 영국의 경험론 철학자들이 지식을 얻는 방법으로 귀납법을 사용한 데 반해 데카르트와 스피노자를 비롯한 대륙의 합리론 철학자들은 인간의 본유관념, 그러니까 직관을 통해 얻어진 전제들을 삼단논법 등으로 정리하여 새로운 결론을 도출하는 **연역법**演繹法★을 사용했습니다.

경험론과 합리론으로 중세적 사유 관념이 무너졌고, 근대적 인식과 철학적 사유가 시작되었습니다.

"만인에 대한 만인의 투쟁" 상태일 때 그 해결책은?

"만인에 대한 만인의 투쟁", 대체 무슨 말일까요? 이 말은 영국의 철학자 토머스 홉스가 자신의 국가론을 설파한 저서 『리바이어던The Leviathan』(1651년)에서 주장한 것입니다. 홉스가 살았던 시기는 영국에서 청교도 혁명과 왕정복고가 일어나던 혼란기였습니다. 이 시기에는 절대군주, 의회, 교회가 서로 얽히며 내란이 끊이지 않았습니다. 그 자신도 왕당파로 지목되어 프랑스로 망명을 가는가 하면, 크롬웰 통치하의 공화정부터 찰스 2세 통치하의 왕정 시절까지 다사다난한 삶을 살았습니다. 이 과정에서 탄생한 정치이론서가 바로 성악설에 근거한 『리바이어던』이었습니다.

이 책에서 그는 인간은 저마다의 권리를 획득하기 위해 투쟁이 발생하는데, 혼란을 잘 해결하기 위해서는 구약 성서 「욥기」에 나오는 괴물 '리바이어던'과 같은 강력한 권력을 소유한 국가가 필요하다고 했습니다.

그의 주장에 의하면, 인간들은 태어날 때부터 자유롭고 평등한 '자연권'을 소유하고 있어 생존을 위해 저마다 투쟁하려고 하는 의지가 강하기 때문에, 각자가 모두 나서서 자신들의 권리를 무한하게 추구하다 보면 결국 "만인에 대한 만인의 투쟁"이라는 극한 상황에 놓이게 됩니다. 그래서 이를 잘 해결하기 위해서는 사회계약에 의한 강력한 권력을 행사할 수 있는 국가를 세워야 한다고 주장했습니다.

그는 이 책을 프랑스에 망명 중이던 찰스 2세에게 헌정했으나, 거절당했습니다. 왕의 권력이 신으로부터 나왔다는 '왕권신수설'을 믿는 찰스 2세의 입장에서는 시민들과의 사회계약에 의해 국가를 건설해야 한다는 홉스의 이론을 도저히 받아들일 수 없었기 때문입니다.

17세기는 풍자 문학의 전성기!

에라스뮈스의 『우신예찬』이 유럽의 작가들에게 깊은 영향을 주면서, 17세기에는 풍자 문학이 전성기를 맞이했습니다. 특히 에스파냐의 세르반테스는 우화 소설 『돈키호테』를 통해 몰락해 가는 기사의 모습을 실감나게 그려냈습니다.

▲ 세르반테스와 『돈키호테』

그는 레판토 해전에 참전했다가 왼손이 불구가 되는가 하면, 에스파냐로 귀국하는 도중 해적들에게 붙잡혀 5년 동안이나 알제리에서 포로 생활을 하다가 간신히 돌아왔습니다. 이러한 남다른 인생 경험은 신랄하게 현실을 비판하면서도 재미있는 소설 『돈키호테』를 탄생시키는 밑바탕이 되었습니다.

한편, 엘리자베스 1세 시절에 활약한 풍자 문학의 대부로는 영국의 대표적인 극작가 셰익스피어가 있습니다. 그의 작품 중 4대 비극으로 손꼽히는 『햄릿』, 『오셀로』, 『리어왕』, 『맥베스』는 물론, 원수진 집안에서의 남녀 간 비극적 사랑을 그린 『로미오와 줄리엣』과 악덕 사채업자를 궁지에 몰아넣으며 통쾌한 반전을 선보이는 『베니스의 상인』까지 그의 작품들에는 당시의 사회를 통렬히 비판하는 풍자가 곳곳에 깃들어 있습니다.

▲ 셰익스피어와 『로미오와 줄리엣』

사랑이 만들어 낸 세계문화유산,
타지마할

세계에서 가장 아름다운 건축물 중 하나로 손꼽히는 인도 아그라의 자무나 강가에 세워져 있는 타지마할은 무굴 제국의 5대 황제였던 샤자한이 가장 사랑했던 왕비 아르주만드 바누 베감을 위해 22년에 걸쳐 매일 2만 명의 인원을 투입해 만든 거대한 영묘(묘당)입니다. 왕비는 1612년 샤자한과 결혼하여 평생의 반려자로 황제의 아낌없는 사랑을 받았으나, 열네 번째 아이를 낳다가 그만 세상을 떠나고 말았습니다.

샤자한은 생전에 그녀를 '궁전의 가장 사랑스러운 장식물'이라는 뜻에서 '뭄타즈 마할'이라 불렀고, 영묘의 이름도 여기서 유래했습니다. 타지마할은 인도·이슬람 건축 양식과 페르시아와 튀르키예 건축술이 잘 결합되어 있으며, 1983년 세계문화유산에 등재되었습니다.

타지마할 건축에는 무굴 제국의 재정에 타격을 줬을 만큼 큰 액수인 4천만 루피 정도가 쓰였고, 인도, 이란, 중앙아시아 등지에서 온 전문적인 건축 기술자들의 공동 설계로 지어졌습니다.

그러나 온 정성을 다해 타지마할을 세웠던 샤자한의 말년은 그리 좋지 못했습니다. 왕자들 사이의 왕위 계승 전쟁이 있었고, 승리자였던 막내아들 아우랑제브에 의해 아그라 요새의 무삼만 버르즈 탑에 감금되는 불운을 겪었습니다.

그는 매일같이 탑 밖으로 보이는 화려한 타지마할을 바라보며 왕비를 그리워하다가 세상을 떠났고, 죽은 다음에야 사랑하는 왕비 곁에 묻힐 수 있었습니다.

▶ 타지마할 전경

볼모로 잡혔어도 의연했던 진보주의자, 소현세자

병자호란이 끝난 후, 인조의 맏아들이던 소현세자는 26세의 나이로 동생 봉림대군과 삼 정승, 여섯 판서의 자제들, 그밖에도 20만 명의 인질들과 함께 청나라 수도 선양瀋陽에 끌려가 근 8년간이나 볼모로 잡혀 살아야 했습니다.

소현세자가 부왕에게 마지막으로 하직 인사를 하자, 대신들은 소현세자의 옷자락을 잡으며 통곡을 하기 시작했습니다. 소현세자는 눈시울을 붉히면서도 오히려 대신들을 침착한 모습으로 달래고 먼 길을 떠났습니다.

청나라에 도착한 후에도 소현세자는 주청 외교 사절단의 수장으로서 자기 목숨에 연연하지 않으며 의연한 모습을 보였습니다. 한번은 이런 일이 있었습니다. 전쟁보다는 화평을 주장했던 영의정 최명길이 명나라와 내통한 혐의로 선양에 붙들려와 심문

을 당하게 되었는데, 청나라는 이 자리에 세자가 참석하기를 요구했습니다. 그러나 소현세자는 다음과 같이 말했습니다. "이것이 무슨 말인가. 영의정은 곧 일인지하(一人之下) **만인지상**(萬人之上)★으로 또한 내가 배움을 받은 분이시니, 그 어찌 감히 앉아서 심문하겠는가? 부왕(父王)의 대신(大臣)에 대하여 자식 된 도리로서 단연코 심문할 수 없으니, 이것이 비록 황제의 명이라 해도 어찌 죽고 사는 것을 근심하겠는가!"

하마터면 목숨을 잃을 수도 있었는데도 소현세자는 당당했습니다. 소현세자의 성품이 얼마나 곧고 강직했는지를 잘 알 수 있는 대목입니다.

청에서 볼모로 잡혀 있는 동안 소현세자는 청에 들어와 있는 서양 문물에 깊은 관심을 가지기도 했습니다. 꽉 막힌 아버지 인조에 비해 유연하고, 청의 문물에 관심을 가지고 있는 소현세자에게 청나라가 신뢰를 보내자, 인조는 아들에게 왕위를 빼앗기지나 않을까 노심초사했습니다. 그리고 1645년, 소현세자는 드디어 볼모 상태에서 풀려나 조선으로 돌아왔지만, 얼마 지나지 않아 원인을 알 수 없는 병에 걸려 침으로 치료를 받다가 급사를 했습니다.

지금도 소장학자들은 진보주의자 소현세자가 부왕 인조에 의해 독살된 것이 아닌가 하는 의문을 제기하고 있습니다.

비극의 주인공, 인현왕후 민씨와 희빈 장씨

숙종의 비였던 인현왕후 민씨와 숙종의 후궁이었던 희빈 장씨는 붕당 간의 싸움에서 희생된 비극적 여성들입니다. 인현왕후는 여양부원군(驪陽府院君)에 책봉돼 있던 민유중의 딸로, 숙종의 계비로 들어왔으나 숙종의 후궁인 장씨가 왕자 윤(昀)(경종)을 낳으면서 붕당의 소용돌이에 휘말리게 되었습니다.

송시열을 비롯한 서인들이 정비가 있는데도 기다리지 않고 후궁에게서 낳은 왕자를 세자로 책봉하는 것에 대해 일제히 반대상소를 올리며 들고 일어나자, 숙종이 기사환국을 일으켜 서인들을 내치고 남인들을 등용했습니다. 이때 인현왕후도 폐서인으로 만들어 궁에서 내쫓아 버렸습니다. 그녀는 본가가 있는 안국동에서 칩거하며 한 많은 삶을 살아야 했습니다.

그러던 중 5년 후에 다시 갑술환국이 일어나 정권 교체로 중전의 자리를 되찾긴 했지만, 그만 원인 모를 병에 걸려 숙종의 돌아온 사랑도 제대로 받지 못한 채 눈을 감고 말았습니다.

한편, 희빈 장씨는 중인 집안 출신으로 어릴 때 궁녀로 들어와 숙원과 **소의***를 거쳐 중전 자

★**소의** 후궁에게 내리던 정이품 내명부의 품계. 내명부는 중전이 관리하는데, 빈·귀인·소의·숙의·소용·숙용·소원·숙원 등이 있었다. 장옥정은 정일품인 빈이 되기 전에 숙원과 소의를 거쳤다.

리까지 올랐으나 인현왕후가 돌아오게 되자 다시 빈으로 격하되었고, 결국 어린 세자를 둔 채 무녀와 궁녀들과 더불어 인현왕후를 저주했다는 혐의로 강제로 사약을 먹고 생을 마감해야만 했습니다.

『조선왕조실록』에는 희빈 장씨가 사용한 구체적인 저주의 방식이 기록되어 있습니다.『숙종실록』에 따르면, 그는 다홍 비단 치마와 남색 비단 저고리를 입힌 각시 인형 일곱 개를 만들어 저주에 사용했습니다. 또 죽은 새, 쥐, 붕어를 각각 일곱 마리씩 모으고, 죽은 사람의 뼈를 몰래 구해 갈아낸 뒤 통명전과 대조전 주변에 묻었다고 합니다. 이뿐만 아니라 인현왕후의 초상을 걸어놓고 수없이 활을 쏘았다는 기록도 전해집니다.

1701년은 숙종에게 특별한 해였습니다. 그해 인현왕후가 병으로 세상을 떠났고, 같은 해 희빈 장씨는 저주 사건으로 사약을 받고 생을 마감했기 때문입니다.

보통 드라마에서는 인현왕후는 선하게, 희빈 장씨는 악하게 묘사됩니다. 그러나 이 두 여성은 붕당과 환국 정치의 희생물이었고, 숙종이라는 한 남자의 변덕에 의해 생이 좌우된 비극의 주인공들이라 할 수 있습니다.

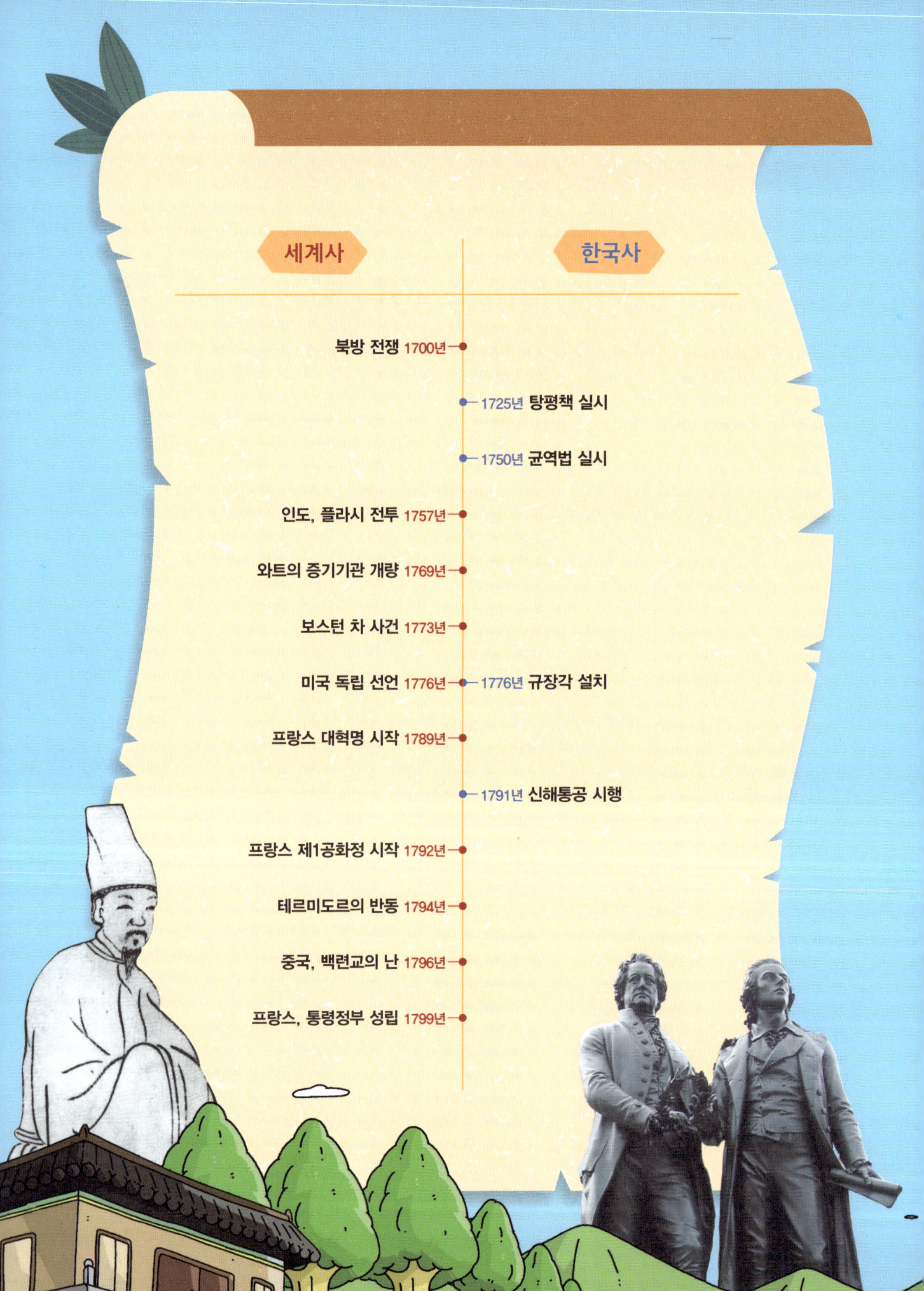

세계사
한국사

북방 전쟁 1700년

1725년 탕평책 실시

1750년 균역법 실시

인도, 플라시 전투 1757년

와트의 증기기관 개량 1769년

보스턴 차 사건 1773년

미국 독립 선언 1776년   1776년 규장각 설치

프랑스 대혁명 시작 1789년

1791년 신해통공 시행

프랑스 제1공화정 시작 1792년

테르미도르의 반동 1794년

중국, 백련교의 난 1796년

프랑스, 통령정부 성립 1799년

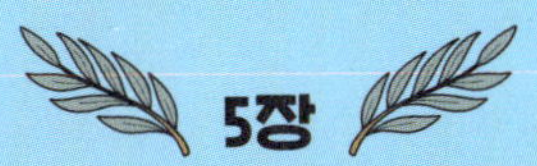

서양에서는 혁명을,
조선에서는 문예부흥기를 맞이하다

세계사적으로 18세기는 혁명의 시대이자 질풍노도의 시기였습니다. 미국에서는 독립혁명이 일어났고, 이는 프랑스 대혁명에 영향을 주었습니다. 또한 영국에서는 산업혁명이 진행되었으며, 프로이센과 러시아는 프리드리히 2세와 표트르 대제 같은 계몽 군주들의 노력으로 유럽 강대국으로 부상했습니다.

세계는 바야흐로 식민지 확장 경쟁 시대에 접어들어, 유럽 열강들은 아메리카와 인도, 동남아시아를 놓고 힘겨루기를 하며 크고 작은 전쟁이 끊이지 않았습니다. 반면, 중국에서는 청나라가 무리하게 백련교도의 난을 진압하는 가운데 서서히 국력이 기울기 시작했습니다.

우리나라 18세기 역시 조선이 역동적으로 일어난 중흥의 시대였습니다. 영조와 정조 시기에 탕평책이 시행되어 정치가 안정되었고, 균역법과 신해통공으로 경제가 발전했습니다. 또한 규장각에서는 수많은 책들이 편찬되었으며, 학문 분야에서는 실학이 융성기를 맞았습니다.

1700년 　북방 전쟁

북방 전쟁은 러시아의 표트르 대제와 스웨덴이 발트해를 놓고 20여 년간 벌인 전쟁입니다. 전쟁의 시작은 작센의 선제후 겸 폴란드 왕 아우구스트 2세가 러시아·덴마크와 동맹을 맺고 스웨덴에 선전포고를 하면서 시작되었습니다. 이 전쟁에서 승리한 러시아는 유럽의 강대국으로 부상했으며, 표트르 황제는 러시아 원로원으로부터 황제보다 높여 이르는 '대제大帝'라는 칭호를 받게 되었습니다.

◀ 표트르 대제

1725년 　탕평책 실시

탕평책蕩平策은 붕당 간의 정치적 싸움을 막기 위해 조선 영조 때에 실시한 정책으로, 고른 인재 등용을 목표로 하고 있습니다. 여기서 '탕평'이란 말은 『서경書經』의 "무편무당 왕도탕탕 무당무편 왕도평평無偏無黨 王道蕩蕩 無黨無偏 王道平平"에서 유래한 말로, 어느 쪽에도 치우침 없이 공평한 상태에 이른다는 뜻입니다. 탕평책은 영조에 이어 그의 손자인 정조 시대에도 계속 시행되었습니다.

▶ 1742년에 서울 성균관 입구에 세워진 탕평비

1750년 　균역법 실시

16세기 이후, 16세에서 60세 사이의 장정은 매년 두 필씩 군포를 바쳐야 했는데, 그 부담이 과중한 데다 관리들의 부정이 매우 심해지자, 영조는 균역청을 설치하고 **균역법均役法*** 을 실시했습니다. 균역법의 시행으로 상납해야 할 군포는 1년에 한 필로 줄어들었으며, 부족한 부분은 **결작結作*** 이라 하여 논밭을 소유한 양반들에게서 1결당 2두의 세금을 거둬들였고 어업세, 염세, 선박세 등의 수입원을 국가로 돌려 부족분을 메웠습니다.

★**균역법** 영조 26년, 백성의 세금 부담을 줄이기 위해 만든 납세 제도

★**결작** 균역법의 실시에 따른 나라 재정의 부족을 메우기 위해 논밭의 소유자에게 부과한 부가세

1757년 　인도, 플라시 전투

플라시 전투는 인도 벵골의 태수太守인 웃다울라군과 영국 동인도 회사 간에 벌어진 전투였지만, 사실상 인도 지배권을 놓고 벌어진 프랑스군과 영국군의 식민지 대리전이었습니다. 프랑스군의 지원을 받은 웃다울라군은 병력 면에서는 영국군보다 훨씬 우세했으나, 미르 자파르를 비롯한 부장들이 영국군에 매수되면서 웃다울라를 배신했습니다. 결국 웃다울라군은 전투에서 패배했고, 웃다울라 자신도 미르 자파르의 아들에게 붙잡혀 처형되었습니다.

1769년 와트의 증기기관 개량

영국의 산업혁명은 면직물 공업에서 시작되었습니다. 면직물의 수요가 크게 늘면서 대량 생산을 가능하게 하는 **방적기와 방직기***가 발명되고 제임스 와트가 증기기관까지 개량하자, 산업혁명은 거대한 불길로 타오르기 시작했습니다. 또한 조지 스티븐슨은 증기 기관차를, 풀턴은 증기선을 개발하여 교통 혁명을 일으켰습니다.

★**방적기와 방직기** 방적기는 실을 만들어 내는 기계를 말하며, 방직기는 그 실을 뽑아서 천을 짜내는 기계를 말한다.

▲ 런던 과학박물관에 있는 와트의 작업실

▲ 스티븐슨의 증기기관차. 1899년 우리나라에서도 경인선이 개통되어 철도 수송 시대가 열리게 되었다.

1773년 보스턴 차 사건

잇단 전쟁으로 국가 재정이 어려워진 영국 정부가 **차조례**^茶^{條例}*를 통과시켜 사람들이 즐겨 먹는 차에도 세금을 부과하려 하자, 보스턴에 거주하는 영국 국적의 식민지인들은 분노할 수밖에 없었습니다. 이때 한 급진적인 무리들이 아메리카 원주민 복장을 하고 동인도 회사의 선박을 습격해 배를 점령한 다음, 342상자에 이르는 차를 모두 바다에 쏟아 버렸습니다. 이 사건에 대해 영국 정부가 손상된 차를 배상할 때까지 보스턴 항구를 봉쇄시키는 '보스턴 항구 폐쇄법' 등 여러 가지의 참을 수 없는 여러 법을 제정하자, 보스턴 사람들은 더욱 분노하기 시작했고 결국 미국 독립전쟁의 막이 오르게 되었습니다.

★**차조례** 영국의 식민지 무역 규제법. 아메리카 식민지와의 차 무역 독점권을 동인도 회사에 줌으로서 보스턴 차 사건을 일으켰다.

▲ 보스턴 차 사건

1776년 미국 독립 선언

1776년 7월 4일, 필라델피아에서 열린 제2차 대륙회의에 참석한 13개 주 대표들이 미국 독립 선언서를 발표했습니다. 독립 선언서는 자연권을 주장한 존 로크의 이론을 바탕으로, 토머스 제퍼슨이 기초했습니다. 이 문서에 의해 근대 최초로 국민이 정부를 선택할 권리가 공식적으로 선언되었으며, 이후에 발표되는 프랑스의 인권 선언에 깊은 영향을 끼쳤습니다.

1776년 규장각 설치

규장각은 세종대왕 때 설치한 집현전과 그 기능이 유사한 왕립 학술 연구소입니다. 창덕궁 안에 위치한 규장각에는 약 3만 권이 넘는 도서가 소장되어 있으며, 이곳에서 정약용, 박제가, 유득공, 이덕무와 같은 학문이 뛰어난 선비들이 발탁되어 심도 깊은 연구와 문헌 수집 및 관리를 했습니다. 또한 정조의 명을 받들어 정조의 개인 문집인 『홍재전서』와 정조의 일기인 『일성록』, 법전인 『대전통편』, 외교집인 『동문휘고』, 자전에 해당되는 『규장전운』 등 수많은 서적을 발간했습니다.

▲ 창덕궁 후원에 세워진 규장각

1789년 프랑스 대혁명 시작

재정이 궁핍해진 루이 16세가 170여 년 만에 중세 신분제 의회인 삼부회를 소집하자, 제3신분의 평민 대표들은 신분에 의한 투표 방식 대신 머릿수 표결 방식을 요구하며 혁명의 깃발을 들었습니다. 그들은 단독으로 국민의회를 설립할 것을 선언하고, **'테니스코트의 서약'***을 통해 새로운 헌법이 제정될 때까지 해산하지 않겠다고 결의했습니다. 루이 16세가 군대를 동원하려 하자, 파리 시민들이 일제히 봉기하여 7월 14일 바스티유 감옥을 습격함으로써 프랑스 대혁명이 폭발하였습니다. 국민의회가 8월 26일에 선포한 프랑스의 인권 선언은 인간과 시민에 대한 '세계사에서 가장 의미 있는 권리 선언'으로 새로운 시대의 상징이 되었습니다. 바스티유 감옥을 습격한 7월 14일은 현재 프랑스 대혁명의 기념일로 제정되어 있습니다.

★**테니스코트의 서약** 프랑스 국민의회의 평민 출신 의원들이 실내 테니스코트장에 모여 국왕이 헌법 제정을 허락할 때까지 해산하지 않기로 한 서약. 프랑스 대혁명의 발단이 되었다.

1791년 신해통공 시행

신해통공은 정조에 의해 중용된 남인 출신의 좌의정 채제공이 건의해 실시되었던 상업 활동에 대한 획기적인 조치입니다. 당시만 하더라도 조선은 **금난전권***을 가지고 있는 **시전상인***에 의해 상업이 독점적으로 이루어지고 있어 난전으로 있는 자유소상인은 자유로운 활동을 하지 못했습니다. 결국 한양 운종가(지금의 종로 사거리)에 있는 육의전을 제외하고는, 시전상인들의 금난전권을 폐지했습니다. 신해통공은 조선 상공업이 발전하는 중요한 전환점을 마련했습니다.

★**금난전권** 난전을 규제할 수 있도록 나라로부터 부여받은 특권. 난전은 허가 없이 길가에서 좌판 위에 물건을 놓고 팔던 가게를 말한다.

★**시전상인** 시전 상인의 대표가 육의전이다. 이들은 운종가에서 독점 판매권인 금난전권의 특권을 행사하는 대신 관아에 물건을 바칠 의무가 있었다. 육의전은 비단, 명주, 무명, 모시, 지물, 어물을 파는 상인들이다.

프랑스 제1공화정 시작

프랑스 대혁명은 원래 영국식 입헌군주제로 진행될 수도 있었으나, 무능한 루이 16세가 합스부르크가 출신 마리 앙투아네트의 부추김으로 오스트리아로 탈출하려다가 바렌에서 전격 체포되면서 공화정으로 급선회했습니다. 오스트리아를 비롯한 군사·재정국가들이 프랑스로 진격해 오는 가운데, 로베스피에르(1758년~1794년)를 중심으로 하는 급진적인 **자코뱅파***가 정권을 잡으면서 제1공화정이 수립되었습니다. 제1공화정은 최고 가격제, 보통 선거제, 징병제를 실시했습니다. 해가 바뀐 1793년 1월에는 루이 16세를 처형하였습니다.

★**자코뱅파** 프랑스 대혁명 때의 과격한 정치 단체. 급진적 공화주의를 주장하며 온건한 지롱드파와 맞서 공포정치를 실시했으나, 이후 테르미도르의 반동에 의해 타도되었다.

테르미도르의 반동

프랑스 대혁명기에 국민공회가 제정한 혁명력의 11월(열월)인 테르미도르에 일어난 쿠데타로, 대혁명 이전 시대로 돌아가게 된 사건을 '**테르미도르의 반동**'*이라고 합니다. 자코뱅파의 지도자 로베스피에르는 공안위원회를 중심으로, 루이 16세의 왕비 마리 앙투아네트, 자신의 동료였던 당통, 수많은 왕당파와 경쟁당인 지롱드파 인사들을 단두대로 보내는

★**테르미도르의 반동** 테르미도르의 반동은 1794년 7월 27일 국민공회 안의 온건파가 일으킨 쿠데타를 말한다.

공포정치를 실시했습니다. 이에 신물이 난 반反로베스피에르파는 로베스피에르를 전격 체포하여 신속히 재판 후 처형했고, 정권을 잡아 국민공회가 실시한 급진적인 조항들을 폐지하는 반동 정치를 시행했습니다.

중국, 백련교의 난

남송 이후 등장한 백련교 교도들은 비밀 결사 조직을 이루어, 국가 재정이 어렵고 부패가 극심할 때마다 곳곳에서 반란을 일으켰습니다. 특히 1775년, 백련교 교주 유송이 청나라의 멸망을 예언하다 체포되어 처형된 후, 백련교는 대대적인 탄압을 받았습니다. 그러던 중 1779년 청군이 먀오족苗族의 진압을 위해 대군을 후베이로 이동시키자 백련교를 이끌던 왕총아와 요지부가 큰 반란을 일으켰습니다. 반란은 진압되었으나, 청에 엄청난 재정적 부담을 안겼습니다.

프랑스, 통령정부 성립

테르미도르의 반동 이후 프랑스에는 정치적 혼란이 거듭되었습니다. 이 틈을 타 '혁명을 훔친 사나이'라는 별명을 가진 젊은 장교 나폴레옹이 이집트 원정에서 얻은 인기를 바탕으로 프랑스로 돌아와 '**브뤼메르 18일**'* 쿠데타로 정권을 장악했고, **통령정부***를 세웠습니다. 그는 처음에 임기 10년의 제1통령을 거쳐, 2년 후에는 종신終身 통령의 자리에 올랐습니다.

★**브뤼메르 18일** 브뤼메르는 프랑스 혁명기 때 제정된 혁명력의 2월(무월)을 의미한다. 브뤼메르 18일은 나폴레옹이 쿠데타를 일으켜 군사 독재를 시작한 1799년 11월 9일을 일컫는다.

★**통령정부** 1799년부터 1804년까지 나폴레옹의 쿠데타로 이뤄진 프랑스 정부. 집정정부라고도 한다. 임기 10년의 통령 세 명을 두었는데, 제1통령이었던 나폴레옹이 황제로 즉위하면서 폐지되었다.

혁명의 불길을 당긴
사람들은 누구?

18세기를 혁명의 시대라고 합니다. 프랑스의 혁명 정신은 나폴레옹 전쟁 시기에 유럽 전역에 자유주의 운동을 확산시켰습니다. 이러한 혁명의 불길을 지핀 사상이 바로 사회적 부조리를 타파해야 한다는 '계몽사상'과 인간이 태어나면서부터 고유한 권리를 가진다는 '천부인권 사상'입니다.

혁명이 성공하려면 뚜렷한 신념과 용기가 필요합니다. 사람들이 안위를 걱정하며 혁명에 나서기를 주저할 때는, 혁명 정신을 널리 전파하고 사람들을 일깨우는 적극적인 노력이 필요합니다. 실제로 미국 독립혁명의 불씨가 된 것은 50여 쪽에 불과한 작은 책자였습니다.

지금부터 미국 독립혁명과 프랑스 대혁명을 성공으로 이끈 저술과 사상 그리고 그 한계와 의의를 탐구해 보도록 하겠습니다.

세상을 바꾼 책, 토머스 페인의 『상식』

미국 독립전쟁을 시작할 당시에는 전쟁을 해야 할 것인가, 말아야 할 것인가에 대한 첨예한 내부 갈등이 있었습니다. 미국 식민지의 이민자는 약 40만이나 되었지만 그중 삼분의 일은 영국 정부 지지파였습니다.

그러나 토머스 페인(1737년~1809년)이 『상식Common Sense』이라는 50쪽의 소책자를 발행하면서 식민지인들의 가슴에 투쟁의 불길이 일어나기 시작했습니다. 『상식』은 날개 돋친 듯이 팔려나가 무려 50만 부를 찍어 냈습니다. 그는 『상식』에서 영국의 세습 군주제를 맹렬히 비판하는 한편, 식민지인들에게 영국에 예속되어 유럽의 전쟁과 분쟁에 말려들어서는 안 된다는 점을 강조하고, '독립해야만 한다'는 확신과 용기를 불어넣었습니다. 그 내용이 어떠했는지 잠시 살펴볼까요?

"우리의 생명과 자유, 민주주의를 향한 행복 추구권은 영국에 있을 때부터 우리에게 부여되어왔던 것입니다. 아무리 영국 정부라 할지라도 우리의 권리를 빼앗아 갈 수는 없습니다. 우리가 함께 일어나 일치단결하여 싸운다면 어떠한 어려움도 물리칠 수 있습니다."

그가 세상을 떠난 지도 200여 년이 흘렀지만, 그는 여전히 '영국의 **볼테르**'*로 추앙받고 있으며 미국 독립혁명에 한 획을 그은 인물로 평가되고 있습니다.

프랑스 혁명의 사상적 바탕, 장 자크 루소의 사회계약론

프랑스 제1공화정의 실권자였던 로베스피에르에게 가장 큰 영향을 끼친 사람은 누구일까요? 그는 스위스 제네바 출신의 프랑스 사상가이자 철학가인 장 자크 루소(1712년~1778년)입니다. 그는 자신의 교육 철학을 담은 『에밀』과 자기 내면의 성찰을 담은 『고백록』을 집필했습니다. 또 로베스피에르를 비롯한 수많은 정치가, 사상가, 철학가 들에게 깊은 영향을 끼친 책 『인간불평등기원론』과 『사회계약론』 등을 저술했습니다.

당시는 '이성理性'을 바탕으로 과학적 진리와 인류의 진보를 주장하는 계몽사상의 시대였습니다. 이러한 때에 루소는 "자연으로 돌아가라"고 주장하면서 자신만의 독특한 이론을 완성했습니다.

근대 시민혁명의 사상적 바탕을 이룬 그의 사회계약론에 의하면, 인간은 본래 자연 상태에서 자유롭고 평화롭게 살아갔으며, 이 자연권을 제도적으로 보장받기 위해 사람들이 자발적으로 계약을 맺어 국가를 건설하게 되었다는 것입니다. 즉 자유와 평등을 지향하는 인민의 **일반의지***는 국민 주권의 기초가 되며 타인에게 양도될 수 없으므로, 사회계약으로 형성된 국가의 주권도 절대적이라는 것입니다.

루소가 구상한 국가는 로크의 사회 계약론에 의해 주장되는 입법부가 정한 법에 따라 행정부가 통치하는 **대의정치***에 의한 국가가 아니라, 국민

의 일반의지에 바탕을 둔 **직접민주제***에 바탕을 둔 국가였습니다. 루소가 생각한 국가는 각 개인의 자유와 평등을 최대한으로 보장하면서, 공동의 이익을 지키기 위해 맺은 약속에 따라 운영되는 형태의 국가였습니다. 루소의 영향을 받은 로베스피에르는 프랑스 공화정에서 그의 이론에 따라 사회의 불평등을 최소화하려고 몸부림을 치면서 공포정치를 펼쳤습니다.

> ★**대의정치** 대의원을 정무에 참여시키는 대의제도에 따른 정치를 말한다.
>
> ★**직접민주제** 직접민주주의. 국가 의사의 결정과 집행에 국민이 직접 참여하는 정치 제도이다.

베르사유 궁전을 쳐들어간
여성 시민들

프랑스 대혁명을 불러온 루이 16세는 원래 성격이 우유부단하고 사냥이나 자물쇠 제작에만 관심을 두던 무능한 왕이었습니다. 그와 정략 결혼해 왕비가 된 마리 앙투아네트도 정사를 돌보지 않기는 마찬가지였습니다. 그녀는 세상 물정을 전혀 모를 뿐만 아니라 사치와 허영에 빠져 화려한 궁중 연회를 열곤 했습니다. 이는 결국 왕실의 재정을 매우 어렵게 만들었습니다.

1789년은 혁명의 와중에 봉건적 특권을 폐지하고자 하는 농민들의 반란까지 일어나 각종 물가가 폭등했고, 생필품은 물론 먹을 빵마저 부족해 유례없이 빈곤한 해였습니다. 그러나 루이 16세와 마리 앙투아네트는 여전히 민심과 동떨어진 삶을 보였고, 특히 베르사유 궁전에서 연일 열리는 연회가 '호화로운 왕실 잔치'로 비춰지면서

민중의 분노를 더욱 자극했습니다.

　10월이 되자 파리에서는 빵값이 하늘 높이 치솟았습니다. 그런데도 루이 16세와 왕비가 베르사유 궁전에서 음식이 넘쳐나는 잔치를 벌이고 있다는 소식이 전해지자, 여성들의 분노는 커져만 갔습니다.

　때는 10월 5일, 비까지 부슬부슬 내리던 날이었습니다. 여성 시민들은 파리 외곽에 자리한 베르사유 궁전으로 몰려갔고, 그 뒤를 남편들과 무장한 병사들이 따랐습니다. 곧 루이 16세와 왕비는 그들에 의해 포위되었고, 결국 파리로 끌려와 시민들의 감시 속에 튈릴리 궁전에 감금되었습니다. 혁명의 와중에 마리 앙투아네트가 했다는 말이 떠돌며 시민들의 분노를 더욱 자극했습니다. 그것은 그녀가 "빵이 없으면 케이크를 먹으면 되지 않는가?"라고 말했다는 소문이었습니다.

　한편 튈릴리 궁전에 갇혀 공포심에 떨던 부부는 1791년 6월 국외 탈출을 계획하다가 바렌에서 국경 수비대에 붙잡혔고, 이 사실은 시민들로 하여금 입헌군주제를 포기하고 공화정을 선택하게 하는 결정적인 계기가 되었습니다. 결국 루이 16세는 1793년 1월 21일 파리의 혁명 광장에 있는 단두대에서 공개 처형되었고, 사치와 허영을 일삼던 마리 앙투아네트 왕비도 그로부터 9개월 후 38세의 나이로 단두대에서 처형되었습니다.

　그러나 혁명을 과격화시켰던 마리 앙투아네트의 그 말은 사실 혁명파가 만들어 낸 유언비어였음이 최근 연구로 밝혀졌습니다.

질풍노도의 시대를 가져온 사람들

　18세기 말, 독일에서는 질풍노도 운동Sturm und Drang이 일어났습니다. '질풍노도'라는 이름은 1776년에 발표된 프리드리히 폰 클링거의 동명同名 희곡 『질풍노도』에서 비롯되었습니다. 이는 문학에서 이성과 합리주의를 강조하는 계몽주의 사조에 맞서 감정

▲ 실러는 괴테와 함께 독일 고전주의의 2대 문호로 일컬어진다. 그가 자비 출판한 첫 작품 『군도』에는 독일 귀족 계급의 횡포에 대한 저항, 뜨거운 정의감, 그리고 자유를 향한 열망이 담겨 있다. 사진은 독일 바이마르에 있는 괴테와 실러의 동상이다.

의 해방과 생생한 감각, 독창성을 중시한 사조를 말합니다. 이 운동을 이끌어간 대표적인 인물이 바로 독일의 대문호 요한 볼프강 폰 괴테입니다. 그는 초기에는 클링거, 헤르더 등과 함께 참여했으며, 후에 실러와는 '바이마르 고전주의'를 이끌었습니다. 이 둘은 감각의 경험에서 존재의 의미를 찾은 장 자크 루소와 요한 게오르크 하만의 사상에서 영향을 받았습니다. 또한 영국의 시인 에드워드 영, 제임스 맥퍼슨, 그리고 셰익스피어 등의 작품도 이들에게 깊은 영향을 주었습니다. 1774년에 발표된 괴테의 『젊은 베르테르의 슬픔』이나 1781년에 발표된 실러의 희곡 『군도群盜』는 감정의 흐름을 있는 그대로 묘사한, 질풍노도 문학의 대표작입니다. 유럽을 하나로 만든 유럽 연합EU의 찬가인 『환희의 송가』는 원래 실러가 1785년에 쓴 시이며, 이후 1808년에 개정된 시가 베토벤의 교향곡 9번 '합창'의 가사로 사용되었습니다.

뒤주에서 죽음을 맞은
사도세자

사도세자(장헌세자)는 조선 영조의 둘째 아들이며, 정조의 아버지입니다. 그는 배다른 형인 효장세자가 세상을 떠난 후 세자로 책봉되었습니다. 어릴 때부터 영특하여 이미 3세 때 『효경』을 읽고 『소학』의 예를 따랐다고 전해집니다.

자라서는 정치적 안목이 탁월하고 노론이 정국을 독점하는 것을 막겠다는 신념으로 소론과 남인을 등용하려 했습니다. 1749년 영조 대신 **대리청정***을 할 때는 **환곡***과 **방납***의 부정을 바로잡는 조치를 시행하여 백성의 환영을 받았습니다. 그러나 노론은 그가 훗날 왕위에 오르는 것을 두려워하여 정순왕후 김씨 등과 손을 잡고 아버지 영조와 아들 세자 사

★대리청정 왕이 병이 들거나 나이가 들어 정사를 제대로 돌볼 수 없게 되었을 때에 세자나 세제(왕의 아우)가 왕 대신 정사를 돌보는 일을 가리킨다.

★환곡 관청에서 곡식을 백성에게 빌려주는 제도. 관리 간의 부정부표이 많았다.

★방납 공납을 대신 내주고 높은 이자를 취하던 행위를 말한다.

이를 이간질하고, 또 세자의 옷 입기를 싫어하는 의대증衣帶症 증세로 인한 이상 행동과 후궁 살인 사건 등을 고하여 영조의 분노를 자극하였습니다.

결국 이러한 **무고**誣告★가 담긴 상소를 읽은 영조는 분노하여 세자를 일방적으로 질타했고, 그에게 자결을 명하기에 이르렀습니다. 하지만 세자가 자결을 행하지 않자 곧 세자를 서인으로 폐하고, 뜨거운 여름날 곡물을 넣어 보관하는 어른 앉은키만 한 뒤주에다 강제로 집어넣어 8일 동안 아무것도 주지 않아 결국 굶어 죽게 했습니다.

사도세자의 죽음은 노론과 소론의 정치 싸움이 몰고 온 비극적인 결과라고 할 수 있습니다. 현재 세계문화유산으로 지정된 수원성(화성)은 사도세자의 죽음을 지켜본 아들 정조가 아버지를 그리워하면서 그의 능을 자주 찾다가, 아예 수도를 천도할 계획으로 세운 성입니다. 정조의 명으로 채제공이 총괄하고 정약용이 거중기를 고안하고 설계에 참여한 것으로 유명합니다.

행성 이름이 '홍대용'으로 붙여진 이유는?

2005년, 국제천문연맹 산하 소행성 센터에서 새로운 행성을 발견했습니다. 그런데 이 행성에 놀랍게도 '홍대용 행성'이라는 이름이 붙여졌습니다. 그 까닭은 무엇이었을까요?

담헌 홍대용(1731년~1783년)은 영조 시대의 실학자로, 박지원·박제가와 교류하면서 북학파의 선구적인 학자로 활동했습니다. 과거에 여러 번 낙방도 했었으나, 석실 서원에서 김원행 문하로 들어가 학문을 닦는 과정에서 자연과학에 깊은 관심을 가지게 되었습니다. 이를 바탕으로 32세 때는 나주의 노老 학자 나경적으로부터 배운 기술로 **혼천의**渾天儀★를 제작하는가 하면, 자명종을 만들었습니다.

그는 1765년(영조 41년) 숙부가 사신으로 연경에 갈 때 수행원으로 함께하였습니다. 그곳에서 청나라 학자 엄성 등을 만나 학문을 토론할 기회를 가졌고, 연경의 천주당에서는 독일 선교사들과 글을 주고받으며 서양의 천문 지식을 배우게 되었습니다. 귀국 후 '농수각'이라는 개인 천문대를 세우고 혼천의와 자명종을 전시할 만큼 학문에 열정을 보였습니다. 그는 한국인 최초로 지전설地轉說*을 주장했을 뿐 아니라, 우주는 우리 은하에 국한되지 않고 수많은 은하가 끝없이 이어져 있다는 우주무한론까지 제시하여 한국 천문학사의 빛나는 선구자로 평가받습니다.

▲ 청나라 지기인 엄성이 그린 홍대용의 초상

★지전설 둥근 지구가 태양을 중심으로 스스로 회전한다는 설

그의 주장은 그의 문집 『담헌서』에 담긴 「의산문답」을 통하여 잘 알 수 있습니다. 그는 당시로서는 놀랍게도 태양·달·지구의 끌어당기는 힘과 크기, 그리고 바람·비·구름·눈·무지개·조석·기온의 변화는 물론 밤낮의 시간차 등 자연계의 여러 현상들을 규명하기 위해 끊임없는 노력을 하였습니다. 그래서 새롭게 발견한 행성에도 '홍대용Hongdaeyong'이라는 이름이 붙여진 것입니다.

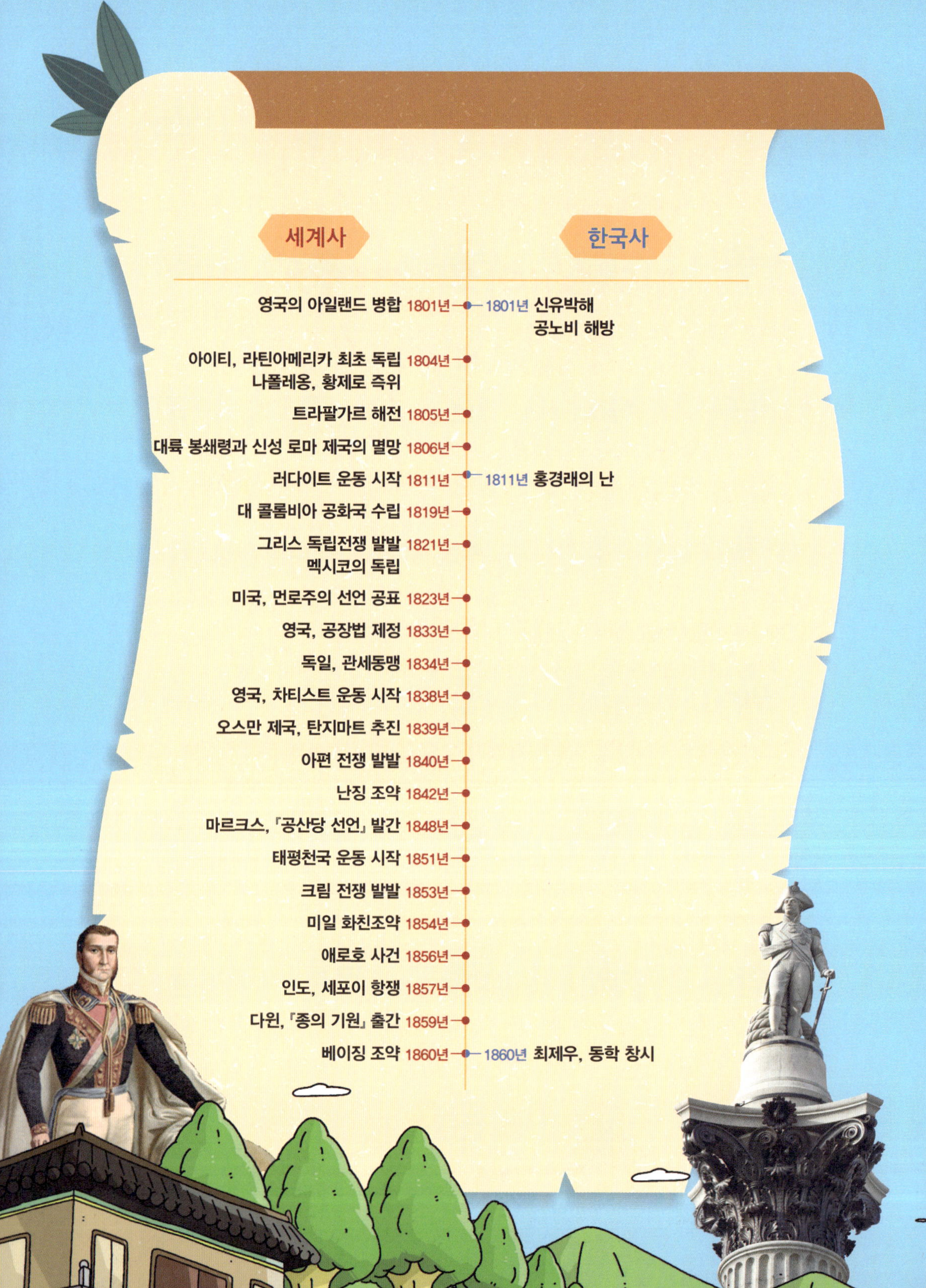

세계사

한국사

영국의 아일랜드 병합 1801년 ― 1801년 신유박해
공노비 해방

아이티, 라틴아메리카 최초 독립 1804년
나폴레옹, 황제로 즉위

트라팔가르 해전 1805년

대륙 봉쇄령과 신성 로마 제국의 멸망 1806년

러다이트 운동 시작 1811년 ― 1811년 홍경래의 난

대 콜롬비아 공화국 수립 1819년

그리스 독립전쟁 발발 1821년
멕시코의 독립

미국, 먼로주의 선언 공표 1823년

영국, 공장법 제정 1833년

독일, 관세동맹 1834년

영국, 차티스트 운동 시작 1838년

오스만 제국, 탄지마트 추진 1839년

아편 전쟁 발발 1840년

난징 조약 1842년

마르크스, 『공산당 선언』 발간 1848년

태평천국 운동 시작 1851년

크림 전쟁 발발 1853년

미일 화친조약 1854년

애로호 사건 1856년

인도, 세포이 항쟁 1857년

다윈, 『종의 기원』 출간 1859년

베이징 조약 1860년 ― 1860년 최제우, 동학 창시

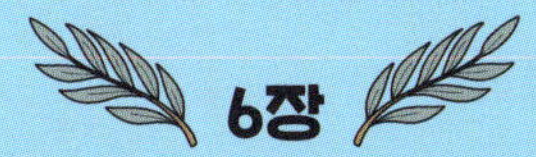

자유주의와 민족주의의 바람이 불어오다

19세기에 들어서 유럽에는 '자유주의의 열풍'이 불기 시작했습니다. 이 바람을 몰고 온 인물은 나폴레옹이었습니다. 그가 일으킨 유럽 정복전쟁은 유럽에 계몽주의 사상과 프랑스 혁명의 정신을 널리 퍼뜨렸습니다. 그 영향으로 영국에서는 선거권 투쟁이 일어났고, 그리스와 라틴아메리카 여러 나라들은 치열한 투쟁 끝에 독립을 이루었습니다. 또한 19세기에는 '민족주의 열풍'도 거세게 일어났습니다. 오랫동안 분열되어 있던 이탈리아가 통일을 이루었고, 독일도 비스마르크의 철혈 정책에 힘입어 통일 국가로 발전했습니다.

그러나 같은 시기, 동아시아에는 어두운 그림자가 드리워졌습니다. 중국은 아편전쟁을 계기로 서구 열강의 침략에 직면했고, 우리나라에서는 어린 임금이 잇따라 즉위하면서 외척 세력이 정국을 좌지우지하는 세도 정치가 행해졌습니다. 탐관오리의 횡포로 삼정이 문란해지자 고통에 시달리던 백성들은 홍경래의 난을 비롯해 전국 곳곳에서 민란을 일으켰습니다. 이와 함께 인간 평등사상을 내세운 천주교와 동학이 빠르게 확산되며 새로운 사회 변화를 예고했습니다.

1801년 영국의 아일랜드 병합

영국은 그레이트브리튼 섬과 북아일랜드, 그리고 주변의 900여 개 섬으로 이루어진 나라입니다. 1801년 1월 1일, 그레이트브리튼 왕국과 아일랜드 왕국의 합병을 규정한 연합법이 통과하면서, 아일랜드가 영국령으로 편입되었습니다. 그러나 가톨릭교도의 의회 진출은 여전히 제한되었고, 영국인 지주들의 착취로 인해 아일랜드 주민들은 밀과 옥수수 같은 주식 곡물을 빼앗기고, 대신 아메리카 대륙에서 들여온 감자로 연명해야 했습니다. 그 결과 1840년대에 대기근이 발생하여 200만 명이 굶어 죽고, 또 다른 200만 명은 미국 등지로 대거 이주하는 사태가 발생하면서 영국의 통치에 맞선 대규모 저항운동이 일어났습니다.

1801년 공노비 해방

조선 후기에는 신분제가 매우 어지러웠습니다. 특히 관리의 부정한 군포 징수가 백성들을 매우 힘들게 했습니다. 서민들은 군역을 면제받기 위해 납속이나 공납 등의 부정한 방법으로 양반의 신분이 되었습니다. 이에 순조는 당시 **공노비***를 완전히 해방시켜 조세를 낼 수 있는 인구를 조금이라도 늘리려고 했습니다. 그러나 이것은 순조만의 작품은 아니었습니다. 이미 17세기 이후로 계속돼온 공노비들의 경제적 성장과 양인과의 혼인이 일반화될 정도로 사회적인 신분이 상승한 결과였다고 할 수 있습니다.

★**공노비** 관가에 속하여 있던 노비. 관노비라고도 한다.

1801년 신유박해

신유박해는 정순왕후 김씨의 수렴청정 시기(신유년)에 일어난 천주교 신자에 대한 대박해로, **노론 벽파***가 **노론 시파***와 남인들을 제거하기 위해 일으켰습니다. 100여 명이 처형되고 400여 명이 유배된 사건으로, 최초의 영세 신자 이승훈과 최초의 외국인 신부 주문모 등을 비롯해 이가환, 정약종 등이 처형당했습니다.
정약용은 강진으로, 정약전은 흑산도로 유배되었습니다.

★**노론 벽파** 사도세자의 죽음을 주도한 노론 보수파
★**노론 시파** 사도세자를 동정한 노론 온건파

1804년 아이티, 라틴아메리카 최초 독립

프랑스의 식민지였던 아이티^{Haiti}가 라틴아메리카 최초로 독립하여 공화국이 되었습니다. 특히 흑인 노예 출신의 투생 루베르튀르는 아이티 독립운동의 영웅입니다. 아이티는 해방 노예들이 프랑스의 식민 통치에 맞서 반란을 일으켜 독립을 달성한 흑인 공화국입니다. 그러나 독립 이후에는 어려운 시기를 겪어야 했습니다. 장 피에르 보이에가 통치하던 1813년부터 1843년까지를 제외한 19세기 내내 아이티에서는 암살과 쿠데타, 혁명이 계속되어 불안정한 정권 교체가 계속되었습니다.

▲ 투생 루베르튀르

1804년 나폴레옹, 황제로 즉위

나폴레옹은 종신통령에 오른 뒤, 스스로 황제의 자리에 올라 나폴레옹 1세가 되었습니다. 이때를 프랑스 제1제정이라고 합니다. 나폴레옹 시대 큰 업적 중 하나가 나폴레옹 법전을 완성한 것입니다. 나폴레옹 법전은 유럽 여러 나라에 깊은 영향을 주었습니다.

트라팔가르 해전

영국 런던 트라팔가르 광장에는 나폴레옹을 물리쳤던 트라팔가르 해전의 영웅, 넬슨 제독의 동상이 서 있습니다. 넬슨은 에스파냐 남서안의 트라팔가르에서 프랑스와 에스파냐의 연합함대를 격파시킨 영국 함대의 제독입니다. 트라팔가르 해전에서 프랑스는 무려 8,000여 명의 군사를 잃었으나, 영국은 1,600여 명의 희생으로 대승을 거두었습니다. 이 전투를 통해 영국은 제해권(해상권)을 장악하게 되었습니다. 그러나 넬슨 제독은 전투 과정에서 유탄을 맞아 세상을 떠났습니다.

▶ 트라팔가르 광장의 넬슨 제독 동상

1806년 대륙 봉쇄령과 신성 로마 제국의 멸망

넬슨 제독에게 패하고 제해권을 빼앗겨 분노한 나폴레옹은 전 유럽에 영국과의 통상을 중지시키는 대륙 봉쇄령을 내렸습니다. 하지만 아쉬운 쪽은 영국이 아니라, 러시아를 비롯한 유럽 각국이었습니다. 러시아는 프랑스의 명을 어기고 영국과 교류를 계속했고, 이는 결국 나폴레옹의 러시아 원정을 가져왔습니다. 한편 그해에 신성 로마 제국이 나폴레옹의 명령에 의해 해체되면서 공식적으로 종말을 고했습니다.

1811년 러다이트 운동 시작

러다이트 운동은 영국의 중·북부의 직물공업 지대에서 일어났던 기계 파괴 운동입니다. 가상의 인물인 '러드'가 밤에 가면을 쓰고 나타나 자신들의 일자리를 빼앗는 기계를 부수었다는 이야기에서 이 운동의 이름이 유래했습니다. 이 운동은 노팅엄의 직물공장에서 시작되어 영국 북부의 여러 지역으로 확산되었습니다. 노동자들의 지지를 얻어 1817년까지 이어졌으나, 산업자본가와 정부의 가혹한 탄압으로 진압되었습니다.

1811년 홍경래의 난

세도 정치가 본격화되면서 부정부패와 **매관매직**賣官賣職*이 난무하는 가운데 서북 지방의 차별 대우에 불만을 가진 몰락 양반 홍경래는 우군칙과 손을 잡고 다복동을 중심으로 10년을 준비한 끝에 대규모 반란을 일으켰습니다. 그는 이희저·김창시 등 부호를 끌어들이고, 광산노동자와 **임노동자***를 모아 군사 훈련을 시키는가 하면, 스스로를 평서대원수라 칭하며 거사했습니다. 한때 청천강 이북의 황해도·평안도 일대 여러 고을을 장악할 만큼 기세가 대단했으나, 관군에 의해 진압되었습니다.

★**매관매직** 돈으로 관직을 사고파는 행위
★**임노동자** 노동력을 제공하고 그 대가로 임금을 받는 사람

대 콜롬비아 공화국 수립

1819년 라틴아메리카 독립 영웅인 시몬 볼리바르가 오랜 투쟁 끝에 마침내 에스파냐군을 물리치고, 대★ 콜롬비아 공화국(콜롬비아·베네수엘라·에콰도르)을 선포했습니다. 그는 **크리오요*** 출신으로, 유럽 유학 중 계몽사상의 영향을 받고 귀국하여 독립운동에 앞장섰던 인물입니다. 볼리바르는 독립운동에 실패하여 네 번이나 망명을 갔지만 결코 좌절하지 않았습니다. 그는 또 한 명의 라틴아메리카 독립 영웅인 산 마르틴과 손을 잡고 페루도 독립시켰습니다. 이후 사람들은 그를 '해방자'라고 추앙했습니다. 1825년에는 부하인 호세 데 수크레와 함께 볼리비아 역시 독립시켰습니다. 볼리비아라는 공화국 이름은 그의 이름 볼리바르에서 탄생했습니다.

▲ 볼리바르

★크리오요 아메리카에서 태어난 순수 에스파냐인 토박이에 한정되었으나 여기서 태어난 에스파냐인과 프랑스인, 이들과 현지 원주민이나 흑인 사이에서 태어난 사람들까지 포함하는 의미로 확대되었다.

그리스 독립전쟁 발발

유럽인들은 유럽 문명의 원류(기원)를 그리스에서 찾습니다. 그러나 그리스는 19세기까지 오스만 제국의 지배를 받고 있었습니다. 이에 독립을 목표로 한 비밀 결사가 조직되었고, 1821년 그리스 독립 전쟁이 발발했습니다. 오스만 제국은 이를 격렬히 진압했으나, 영국의 시인 바이런을 비롯한 유럽 지식인들이 독립운동을 열렬히 지지했으며, 러시아와 영국도 지원을 아끼지 않았습니다. 그 결과 그리스 독립에 희망이 보이기 시작했고, 1827년 나바리노 해전에서 오스만·이집트 연합 해군이 러시아·영국·프랑스 연합군에게 패하자, 오스만 제국은 러시아와 **아드리아노플*** 화약(和約)을 체결하여 그리스 독립을 인정했습니다. 이후 런던회의를 통해 그리스의 독립은 국제적으로도 승인되었습니다.

★아드리아노플 에디르네(터키 북서쪽 끝에 있는 상업 도시)의 옛 이름. 이 곳에서 러시아와 오스만 제국이 휴전 조약(1829년)을 맺었다.

멕시코의 독립

멕시코의 독립은 가톨릭 사제가 처음 그 불을 당겼습니다. 멕시코의 독립기념일인 9월 16일은 1810년 당시 돌로레스라는 마을에서 미겔 이달고 신부가 최초로 독립을 선포하는 종을 쳤던 날입니다. 그는 교구민들에게 에스파냐의 식민 통치에 저항하라고 외쳤고, 10만여 명이 이에 호응했습니다. 이후 멕시코의 독립은 사제들의 저항운동을 계승한 군인 출신의 지휘관 아구스틴 데 이투르비데에 의해 이뤄졌습니다. 그는 조직적인 독립투쟁을 벌인 끝에 마침내 1821년 에스파냐 정부와 코르도바 협약을 맺는 데 성공, 멕시코의 독립을 달성했습니다. 다음 해, 스스로 멕시코의 황제 자리(아구스틴 1세)에 오르기도 했으나 곧 혁명이 일어나 재위 10개월 만에 쫓겨났고, 멕시코에서는 공화정이 시작되었습니다.

▲ 아구스틴 1세

1823년　미국, 먼로주의 선언 공표

먼로주의란 미국의 5대 대통령 먼로가 선언한 외교 지침을 말합니다. 먼로는 1823년 **연두교서**★에서 유럽 문제에 대한 불간섭의 원칙과, 유럽의 아메리카 대륙 개입 금지를 동시에 천명했습니다. 아울러 유럽 제국에 의한 식민지 건설을 배격하겠다는 방침도 분명히 밝혔습니다. 이것은 태평양 연안의 미국 영토에 대한 러시아의 남하 정책을 경계하고, 라틴아메리카의 독립국들이 유럽의 영향을 받게 되는 것을 견제하기 위한 방편이었습니다. 당시 미국의 힘은 약했으나, 영국이 여기에 지지를 표명하면서 먼로주의 선언은 힘을 얻었습니다.

★**연두교서** 미국 대통령이 해마다 정기적으로 의회(국회)에 보내는 문서. 연차교서라고도 한다.

1833년　영국, 공장법 제정

영국의 산업혁명 과정에서 노동자들은 과도한 노동과 적은 임금에 시달려야 했고, 제대로 임금도 받지 못하는 여성들과 어린이들의 고통은 이루 말할 수 없었습니다. 공상적 사회운동가 로버트 오언이 노동 조건 개선을 위해 힘쓴 결과, 1833년 영국에서 마침내 공장법이 제정되었습니다. 이 법에 의해 노동 시간이 12시간으로 규정되었으며, 10세 미만 어린이에 대한 고용 금지와 18세 미만 미성년자의 야간 취업이 금지되었습니다. 최소한이지만, 노동자의 권익을 처음으로 보호하기 시작한 것입니다.

▲ 1838년 찰스 디킨스가 발표한 『올리버 트위스트』 속 삽화. 산업혁명 당시 천애고아가 된 소년 올리버의 이야기이다.

1834년　독일, 관세동맹 체결

북부 독일에서 실시된 **관세동맹**★은 오스트리아를 제외한 열여덟 개의 영방국가가 이루어낸 경제 통일이었습니다. 관세동맹으로 북부 독일 내의 동맹국들 사이에서는 대내 관세가 철폐되고 화폐·어음·도량형의 통일과 철도망 등 교통시설이 통합됐습니다. 이로써 독일 통일의 기반이 마련되었습니다.

★**관세동맹** 국가 사이의 관세 제도를 통일해 동맹국 상호 간에는 관세를 폐지 또는 인하하고, 제3국에 대해서는 공통된 관세를 설정하는 동맹

1838년　영국, 차티스트 운동 시작

1832년, 50여 년간 장기 집권했던 토리당을 뒤엎고 정권을 휘어잡은 휘그당은 선거법을 대대적으로 개정하여 **부패 선거구**★를 폐지하고 중산층에게도 선거권을 부여했습니다. 그러나 노동자들은 제외되었습니다. 이에 노동자들은 선거권(참정권) 인정을 요구하는 '차티스트 운동'을 시작했습니다. 이들은 인민헌장People's Charter을 선포하고, 1848년까지 약 10년 동안 노동운동가인 오코너를 중심으로 570만여 명의 서명을 받아 3차에 걸친 청원서를 의회에 제출하는가 하면 런던과 버밍엄 등에서 대규모 시위를 벌이기도 했습니다. 그러나 이러한 노력에도 불구하고, 차티스트 운동은 무력 진압과 지도자 간의 분열로 실패했습니다.

★**부패 선거구** 영국의 산업혁명 후 인구가 급격히 감소하자 지방의 유력자가 투표자를 매수하는 등 문란한 양상을 보인 선거구. 1832년 선거법 개정에 의해 없어졌다.

오스만 제국, 탄지마트 추진

오스만 제국의 술탄 압둘메지드 1세 시기에, 개혁적 관료들에 의해 추진된 근대적 개혁 정책을 '탄지마트'라고 합니다. 이 정책은 술탄이 직접 발표한 '장미의 방' 칙령에 의해 시작되어 1876년까지 이어졌으며, 유럽 열강의 제도를 본떠 행정·토지·징병·교육·사법 제도를 개혁하고, 부패를 척결하는 정책이 포함되었습니다. 탄지마트는 위로부터의 개혁 운동이었지만, 크림 전쟁 참여로 국력이 쇠약해지고 영국과 러시아 등 열강의 간섭으로 결국 중단되어 실패하고 말았습니다.

▲ 압둘메지드 1세

아편 전쟁 발발

아편 전쟁은 세계사에서 제국주의의 욕망을 드러낸 가장 더러운 전쟁이라고 할 수 있습니다. 차, 비단, 도자기 등의 수요 급증으로 청과의 무역에서 손해를 본 영국은 **삼각무역***을 통해 식민지인 인도에서 재배한 아편을 청에 수출했습니다. 그 결과 청나라에서는 막대한 은이 유출되고, 아편 중독자가 급속도로 늘어나기 시작했습니다. 이에 청나라는 광둥성으로 **흠차*** 대신 임칙서를 파견하여 아편 판매를 금지시키고, 2만여 상자의 아편을 몰수하여 폐기했습니다. 그러자 영국은 자국 상인을 보호한다는 구실로 아편 전쟁을 일으켰습니다.

★**삼각무역** 두 나라 사이의 무역 수지가 균형을 잃었을 때 제3국을 개입시켜 불균형을 상쇄하는 무역. 예컨대 18세기 영국의 면포, 서아프리카의 노예, 서인도 제도의 설탕을 서로 교류하던 형태의 무역이다.

★**흠차** 황제의 명으로 파견된 관리

난징 조약

★**할양** 국가 간의 합의에 의해 자기 나라 영토의 일부를 다른 나라에 넘겨 주는 일

청은 아편 전쟁에서 영국의 신무기 앞에 무릎을 꿇고 말았습니다. 그 결과 맺어진 조약이 바로 난징 조약입니다. 난징 조약은 청이 서양과 맺은 최초의 근대적 조약이지만, 동시에 불평등 조약이기도 했습니다. 난징 조약으로 청은 광저우 등 다섯 개 항구를 개항하고 홍콩을 영국에 **할양***하게 되었으며, 2,100만 달러의 배상금까지 물게 되었습니다. 또한 수출입품에 대한 관세를 영국과 협의하에 설정해야 했으며, 영국인들의 치외법권을 인정하게 되었습니다.

▲ 난징 조약을 체결하는 모습을 그린 그림

마르크스, 『공산당 선언』 출간

▲ 마르크스

『공산당 선언』은 마르크스와 엥겔스가 공산주의자들의 국제 동맹인 '공산주의자 동맹' 제2차 대회의 요청을 받아 1848년 2월에 출간한, 공산주의에 대한 이론적·실천적 강령입니다. "유럽에 유령이 떠돌고 있다. 공산주의라는 유령이"로 시작하는 『공산당 선언』은 모든 사회의 역사를 '부르주아와 **프롤레타리아*** 사이의 **계급투쟁***의 역사'라고 단언합니다. 이 책은 런던에서 독일어로 발간되자마자 순식간에 영어, 프랑스어, 러시아어 등으로 번역되었고, 나아가 유럽 전체를 술렁이게 했습니다.

★**프롤레타리아** 자본주의 사회에서 노동력 이외에는 생산 수단을 가지지 못한 노동자

★**계급투쟁** 서로 이해관계가 다른 지배 계급과 피지배 계급 사이에 정치적·경제적으로 일어나는 투쟁. 예컨대 고대 그리스·로마 시대의 귀족과 노예, 중세의 봉건 영주와 농노, 근대의 자본가와 노동자 사이에 있었던 갈등이나 대립이 이에 해당한다.

태평천국 운동 시작

아편 전쟁의 패배 이후 청은 국제적 위신이 추락하고, 배상금 지급 문제가 고스란히 민중의 몫으로 돌아가면서 조정에 대한 불만이 높아만 갔습니다. 이러한 때에 토지의 균등 분배와 **전족*** 폐지 등을 담은 '남녀평등'을 주장하는 '태평천국 운동'이 일어났습니다. 홍수전은 '상제를 받들라'는 의미의 배상제회拜上帝會라는 종교적 비밀 결사를 조직하고 스스로를 '천왕'이라 칭하며 세력을 확대했습니다. 1851년에는 '청조타도, **멸만흥한***'을 내세우며 거병하였고, 2년 만에 난징을 점령하여 도읍으로 삼았습니다. 이후 1864년까지 10년 넘게 세력을 떨쳤으나, 이홍장과 증국번 등 한인 의용군과 서양 군대의 공격으로 진압되었습니다. 홍수전은 투병 중 약을 일체 거부하다가 생을 마감했습니다.

★**전족** 중국에서 여자의 발을 인위적으로 작게 하기 위해 헝겊으로 묶던 풍습

★**멸만흥한** 만주족이 지배하는 청을 무너뜨리고 한족의 주체성을 회복하자는 뜻

▲ 태평천국에서 사용했던 옥새

크림 전쟁 발발

크림 전쟁은 러시아와 오스만 제국을 지원하는 영국, 프랑스, 사르데냐 왕국 등의 유럽 열강들이 흑해를 둘러싸고 크림 반도에서 맞붙은 전쟁입니다. 전쟁은 러시아가 오스만 제국 내의 그리스 정교도를 보호한다는 구실로 루마니아를 침공하면서 시작되었지만, 예루살렘 성지 내의 가톨릭 신자의 보호를 놓고 러시아와 프랑스가 각각 권리를 주장한 것도 원인이었습니다. 세바스토폴 요새가 함락되면서 러시아의 패배로 끝나자 1856년 파리 강화 조약이 체결되었습니다. 그로 인해 러시아는 흑해에 대한 모든 권한을 상실했고, 흑해 지역은 중립화되었습니다.

미일 화친조약

유럽인들은 신항로 개척 이전부터 '황금의 나라, 지팡구'로 알려진 일본과의 통교를 간절히 원하고 있었습니다. 그 꿈을 무력으로 달성시킨 사람이 미국의 페리 제독입니다. 1854년 일본의 에도 막부는 미국의 군사적 압력에 굴복하여 페리 제독과 12개 조항으로 이루어진 미일 화친조약을 맺었습니다. 이 조약으로 일본은 **최혜국**最惠國 **대우**★를 받게 되었으며, 시모다下田·하코다테函館 등의 도시를 개항하고, 미국 선박에 물자 보급과 조난 선원 구조를 허용했으며, 미국은 일본에 영사를 주재할 권리를 얻었습니다. 이 조약은 일본 역사상 최초의 근대적 국제 조약이며, 이로써 에도 막부의 쇄국 정책은 막을 내리게 되었습니다.

★**최혜국 대우** 조약을 체결한 나라가 상대국에 대해 가장 유리한 혜택을 받는 나라와 동등한 대우를 하는 일

▲ 일본에 온 페리 제독의 함대

애로호 사건

애로호 사건은 영국과 프랑스가 중국을 침공하는 계기가 된 사건으로, 이로 인해 발발한 전쟁을 제2차 아편 전쟁이라고 합니다. 당시 영국은 난징 조약 이후에도 중국과의 무역에 큰 이득이 없자 다시 전쟁을 일으켜 북중국으로 진출할 구실을 찾고 있었습니다. 이때 영국 선장이 타고 있던 애로호에서 중국인 승무원들을 중국 관헌이 해적 혐의로 연행하는 일이 일어나자, 영국은 이 과정에서 자국의 국기가 끌어내려지는 모욕을 당했다는 주장을 내세웠습니다. 이에 프랑스도 자국의 선교사 살해 사건을 구실로 동참했고, 미국과 러시아까지 끼어들어 중국을 압박하기 시작했습니다. 결국 톈진 조약을 맺게 됐는데, 중국이 **비준**批准★ 지역을 상하이로 고집하자 다시 북쪽으로 진격해서 수도인 베이징을 함락시켰습니다. 청은 할 수 없이 영국, 프랑스와 굴욕적인 베이징 조약을 맺어야만 했습니다.

▲ 애로호 사건을 묘사한 그림

★**비준** 조약 체결권자가 최종적으로 확인·동의하는 절차. 우리나라에서는 대통령이 국회의 동의를 얻어 행한다.

인도, 세포이 항쟁

세포이★ 항쟁은 인도인들이 영국 지배에 항거해 일으킨 최초의 민족운동입니다. 세포이들이 사용하는 총에 탄약을 장전하기 위해서는 탄약통 끝을 입에 물어야 했는데, 발단은 탄약통에 돼지와 소의 기름이 칠해졌다는 소문이 퍼지면서였습니다. 힌두교는

★**세포이** 영국의 동인도 회사에 용병으로 고용된 병사들을 말한다.

▲ 영국 동인도 회사 세포이들의 모습

소를 숭배했고, 이슬람교는 돼지를 부정하게 여겼기 때문에 세포이들이 느끼는 모멸감은 말할 수 없이 컸습니다. 먼저 미루트에 주둔하던 세포이들이 탄약통을 거부했는데, 이들에게 족쇄가 채워지는 징역형이 내려지자 동료 세포이들이 분노하여 일제히 봉기하기 시작했습니다. 한때는 델리를 점령하고 바하두르 샤 2세의 통치 부활까지 선언했지만, 곧 영국군에 의해 무력으로 진압되었습니다. 그 결과는 참담했으며, 결국 영국이 무굴 제국을 멸망시키고 인도 제국을 세워 직접 통치를 하는 계기가 되었습니다.

다윈, 『종의 기원』 출간

『종의 기원 Origin of Species』은 인류의 진화 과정을 밝혀낸 영국의 위대한 과학자 찰스 다윈의 저서입니다. 『종의 기원』은 초판으로 1,250부를 찍었는데, 출간 당일 모두 매진되었다고 합니다. 인간이 하느님이 창조한 아담과 하와에서 비롯된 것이 아니라, 유인원에서 종이 갈라져 진화했다는 내용은 당시로서는 혁명적이고 이해하기 어려운 이론이었습니다. 이후 수많은 학자들이 이 이론을 증명하고 발전시켰으며, 진화론은 오늘날에도 여전히 연구가 진행 중입니다. 그러나 인구의 60%가 창조론을 믿는 미국에서는 일부 주에서 지금도 학교 생물 시간에 진화론을 가르치지 못하게 하고 있습니다.

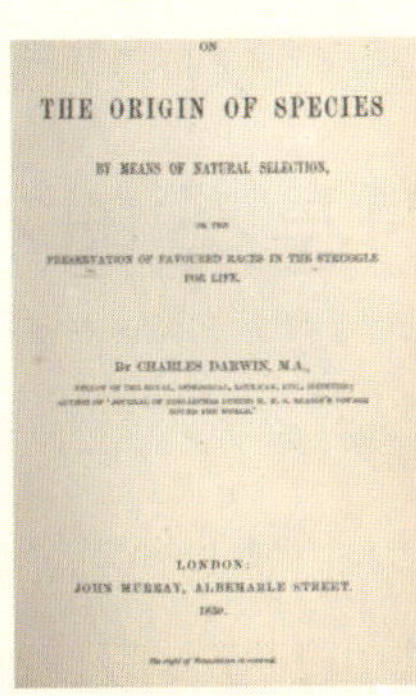

▲ 『종의 기원』의 초판 표지

▲ 진화론에 반대하며 다윈을 원숭이에 빗댄 만평

베이징 조약 체결

제2차 아편 전쟁의 결과 베이징을 점령한 영국과 프랑스는 러시아의 중재를 받아들여 중국과 베이징 조약을 맺었습니다. 이 조약은 1858년에 맺어진 톈진 조약을 보완한 것으로, 러시아에게는 중재의 대가로 연해주를 할양했고, 영국에게는 구룡 반도를, 프랑스에게는 몰수했던 가톨릭 재산을 반환해 주었습니다. 그 배상금만 800만 불에 달했습니다. 그 결과 서양 열강의 외교 사절단과 군대가 베이징에 상주하게 되었고, 중국에 대한 열강들의 경쟁도 더욱 불이 붙었습니다.

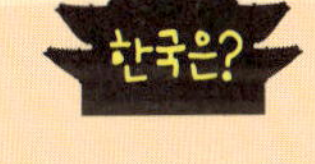

최제우, 동학 창시

경주의 몰락 양반 최제우는 서학에 맞서 민족 종교 '동학'을 창시했습니다. 유·불·선 삼교의 교리와 민간 신앙을 융합해 만든 동학은 "사람이 곧 하늘이다"라는 인내천人乃天 사상을 주장하면서 농촌 사회와 서민층에 빠르게 확산되었습니다. 이에 조정은 최제우에게 **혹세무민**惑世誣民★의 죄를 씌워 처형했으나, 2대 교주인 최시형이 『동경대전』과 『용담유사』를 편찬하면서 동학은 신도 조직을 갖추며 더욱 발전했습니다.

★**혹세무민** 세상을 유혹하고 백성을 속인다는 뜻

▲ 동학의 1대 교주 최제우

변혁과 혁명을 일으킨 지도자의 신분적 배경은?

19세기에 들어 라틴아메리카 각 지역에서는 독립운동이 활발하게 전개되었습니다. 그런데 이러한 독립운동을 이끌었던 사람들에게는 한 가지 공통점이 있었습니다. 과연 무엇일까요?

한편, 이 시기 중국에서는 태평천국 운동이, 조선에서는 인내천 사상을 내세운 동학이 일어나 지배층의 핍박을 받던 민중들의 전폭적인 지지를 받았습니다. 또한 홍경래의 난을 시작으로 전국에서 일어난 민란의 지도자들 역시, 태평천국의 난을 일으킨 홍수전, 동학을 창시한 최제우와 같은 신분적 배경을 갖고 있었습니다.

다음에서는 19세기 세계 각지에서 변혁과 혁명의 바람을 일으킨 인물들의 신분적 배경을 살펴보고, 그들이 그 신분을 바탕으로 어떤 주장을 펼쳤는지 탐구해 보겠습니다.

크리오요, 독립투쟁의 혁명적 기수가 되다

라틴아메리카에는 에스파냐 사회와 마찬가지로 순수 혈통을 중시하는 엄격한 신분제도가 존재하고 있었습니다. 에스파냐가 지배하는 라틴아메리카 식민지에서 가장 높은 신분은 대주교·주교·교구장 등의 고위 성직자였습니다. 두 번째 높은 신분은 통치자인 에스파냐의 왕이 임명한 고위 관료였고, 세 번째 높은 신분은 에스파냐인 부모 아래에서 라틴아메리카 현지에서 태어난 백인 토박이인 크리오요^{criollo}였습니다.

에스파냐 왕실은 모든 특혜와 정치권력을 **이베리아 반도**★에서 건너온 **페닌술라르**^{peninsular}★라고 불리는 사람들에게만 독점적으로 부여했습니다. 크리오요들은 대토지를 소유하고 경제적으로 부유하였으나, 정치적으로는 항상 페닌술라르 아래에서 그들의 지배와 차별을 받았습니다. 또 에스파냐 정부가 추진하는 중상주의 정책에 의해 크리오요들은 자유로운 무역을 허용받지 못하고 막대한 경제적 피해를 입고 있었습니다.

17세기에 이르러 재정이 부족해진 에스파냐 정부는 라틴아메리카 내 식민지 관직을 크리오요에게 돈을 받고 팔게 되었는데, 그 숫자가 너무 늘어나 전체 관직의 50%에 육박하게 되었습니다. 이에 위기를 느낀 에스파냐 왕실은 1765년부터 라틴아메리카 내의 관직을 다시 대거 페닌술라르로 교체했습니다. 그러자 마침 유럽에서 유학하여 계몽주의 사상과 나폴레옹 시대의 자유주의 사상의 영향을 받고 귀국한 시몬 볼리바르 같은 혁명가들이 이러한 굴욕과 압박에 저항하며 독립을 쟁취하기 위한 투쟁에 앞장섰습니다. 크리오요들은 만약 페닌술라르를 몰아내게 되면 그들이 소유하고 있던 토지와 광산, 정치적 결정권 등을 모두 차지할 수 있을 것으로 생각하고 호응했습니다. 그래서 많은 크리오요들이 토착 엘리트로서의 긍지를 가지고 라틴아메리카 독립 투쟁을 이끌었습니다.

몰락한 양반들, 평등한 세상을 꿈꾸다

지배층으로 모든 특권을 누리고 있는 사람들은 가지지 못한 자들의 설움과 어려운 생활에 대해 잘 알지 못합니다. 반면 밑바닥에서 생산 활동에 종사하며 국가에 내는 세금을 도맡고 있는 백성들은 탐관오리들의 가렴주구에 시달리면서도 불의를 딛고 일어설 용기나 재력, 큰일을 도모하고 사회 운동을 이끌어가는 데 필요한 지식 등이 부족합니다.

19세기에 들어서 인간이 곧 하늘이라는 인간 평등사상을 중심으로 인내천을 주장하며 동학을 창시한 최제우와 서북 지방민들의 차별 대우에 항거하여 10년 동안이나 거사를 준비한 끝에 삽시간에 청천강 이북을 점령한 홍경래는 조선의 지배 계층인 양반 신분이었지만, 실제 생활은 서민과 다를 바 없는 '몰락 양반'

이었습니다. 이들을 '잔반殘班*'이라고도 합니다. 또 중국에서 태평천국의 난을 일으켰던 홍수전도 과거 공부를 열심히 했으나, 정작 과거 시험에는 떨어진 서생이었습니다.

최제우 역시 경주에서 글만 읽으며 어려운 생활을 하던 몰락 양반이었고, 홍경래도 여러 번 과거에 낙방한 후, 이것이 곧 서북 지방민에 대한 차별 대우 때문이라고 생각해 평안도 지역의 대상인들을 끌어들여 민란을 일으켰습니다. 이들은 사회적인 차별 대우를 박차고 일어나 누구나 인간다운 생활을 할 수 있는 '평등한 세상'을 꿈꾸었습니다. 결국 이들이 일으켰던 사회 변혁 운동은 그들의 신분적 한계를 극복하기 위한 투쟁이었다고 할 수 있습니다.

인간을 기계의 노예로 만든 산업혁명

산업이 발달하면서 열악한 조건과 환경에서 중노동에 시달리던 노동자들이 사회의 빈민층으로 떨어짐에 따라 빈부격차, 인권 문제, 오염된 도시환경 문제 등이 심각한 사회문제로 대두되었습니다. 산업혁명은 자본주의를 발전시켰지만 인간을 기계의 노예로 전락시켰습니다. 수많은 노동자들이 공장의 기계에 손이 뚝뚝 잘려나가는가 하면, 임금도 제대로 받지 못한 채 자본가의 이익에 희생당하기도 했습니다. 당시 남성 근로자들은 하루 열여덟 시간, 여성 노동자들은 열다섯 시간 정도를 일했으며, 아동들도 열두 시간이나 일했습니다. 오랜 노동은 성장기 아동들에게 성장판 파손과 척추가 굽는 등의 심각한 장애를 초래했습니다. 그뿐만 아니었습니다. 장시간 노동하는 아동들을 향해 숱한 발길질과 채찍질이 가해지기도 했습니다. 당시 아동 노동자들은 17세를 넘기기 어려운 경우가 많았습니다. 이러한 모든 일들이 기계 때문에

초래되었다고 하여 '러다이트 운동'이라 불리는 기계 파괴 운동이 일어났습니다. 노동자의 권익을 보호하기 위한 운동도 함께 전개되었습니다. 마침내 1802년에는 최초의 공장법이 제정되어 열두 시간 이상 노동 및 심야 작업이 금지되었고, 조금씩 아동의 노동 시간도 줄어들기 시작했습니다. 그리고 1847년에는 법으로 1일 열 시간 노동으로 제한되었습니다.

자유주의 물결이 유럽에서 파도치다

1848년은 세계사에서 획기적인 해입니다. 가장 먼저 1848년의 횃불을 밝힌 사건은 그해 프랑스에서 일어난 2월 혁명이었습니다. 프랑스의 하층민과 노동자들은 힘을 모아 선거권을 제약하던 루이 필리프를 권좌에서 몰아내고 제2공화정을 수립했습니다.

프랑스에서 자유주의가 승리했다는 소식은 즉시 유럽 전체로 퍼져나갔고, 이에 자극을 받아 오스트리아에서도 3월 혁명이 일어났습니다. 3월 혁명으로 프랑스 혁명 이전 체제로 되돌리려 했던 빈체제의 중심인물, 보수 반동주의자 메테르니히는 실각해 국외로 망명했습니다. 그는 목숨을 부지하기 위해 악취 나는 세탁물 마차에 몸을 숨긴 채 간신히 영국으로 탈출했습니다. 이를 시작으로, 다민족 국가로 이루어진 오스트리아 전 지역에서 혁명의 기운이 퍼져 나갔습니다. 북부 이탈리아, 체코, 크로아티아 등지에서 독립을 요구하는 시위자들이 자유주의와 민족주의를 부르짖으며 오스트리아 정부와 대립했고, 헝가리는 당당히 독립을 선언했습니다.

오스트리아의 3월 혁명은 곧바로 프로이센에도 영향을 주었습니다. 프리드리히 빌헬름 4세가 머물던 베를린 궁 앞에 군중들이 모여 의회의 설립과 언론·출판의 자유를 요구했습니다. 안타깝게도 시위 군중을 향한 무차별한 발포로 학생과 노동자를 비롯한 약 300명이 쓰러졌습니다. 그리고 고귀한 그들의 희생 끝에 독일 최초의 민주적인 통일 의회인 프랑크푸르트 국민의회가 성립하였습니다. 비록 이 자유주의 물결은 곧 보수 반동주의자들의 결집으로 커다란 벽에 부닥치게 되지만, 그럼에도 불구하고 1848년은 자유주의가 진일보한 매우 뜻 깊은 해입니다. 영국에서는 선거법 개정 운동인 차티스트 운동이 분수령을 이루었고, 무려 570만 명의 서명을 모으는 대청원 운동이 전개되었습니다. 그리고 이러한 시대적 배경을 바탕으로 1848년 전 세계 노동자들을 규합하는 '공산당 선언'이 발표되었습니다. 독일의 칼 마르크스와 프리드리히 엥겔스는 공산당 선언에서 노동자들을 향해 이렇게 외쳤습니다.

"모든 지배 계급을 공산주의 혁명 앞에 떨게 하라. 공산주의 혁명으로 프롤레타리아가 잃을 것은 쇠사슬뿐이며, 그들이 얻을 것은 전 세계다. 만국의 프롤레타리아여, 단결하라!"

이제 세계에는 자본주의에 대항하는 사회주의 운동의 막이 올랐습니다.

정약용의 연구 범위는 과연 어디까지였을까?

정조의 특별한 사랑을 받아 두루 관직을 거치며 마음껏 학문을 연구하던 정약용은 정조 승하 후 천주교도에 대한 신유박해로 멀리 전남 강진에 유배되어 다시는 정계로 나아가지 못하고 일생을 유배지에서 보내야만 했습니다. 그의 호는 유배지 뒷산의 이름을 따 다산茶山이라 붙여졌다고 합니다.

그의 학문은 유학에서 언어학·지리학·의학·종교·기술학에 이르기까지 매우 다양하고 방대했습니다. 그야말로 실학을 집대성했습니다. 『여유당전서』 중 가장 많이 거론되는 책에는 지방관이 지켜야 할 일을 저술한 『목민심서牧民心書』, 중앙정치제도의 개혁을 주장한 『경세유표經世遺表』, 형벌제도의 개선을 제안한 『흠흠신서欽欽新書』, 중농학자로서 **여전제***를 주장한 『정전론井田論』 등이 있습니다. 이외에도 사도세자 묘를 방문하는 정조를 위해 1789년에는 정조의 아이디어를 현실화시켜 한강에 배를 연결하여 배다리를 만드는가 하면, 1793년에는 무거운 물건을 들어 올릴 수 있는 거중기를 고안하여 수원성을 설계하는 데 중요한 역할을 담당하였습니다. 특히 1801년 발간된 『화성 성역 의궤』를 통하여 화성을 짓는 동안 사용된 재료와 인력은 물론, 성을 쌓는 방법과 벽돌을 만드는 방법, 서양 성벽을 참고하여 대포 공격을 막아낼 수 있도록 구성한 사실 등을 확인할 수 있습니다.

> **★여전제** 정약용이 주장한 토지 개혁안. 예컨대 한 마을을 단위로 해서, 토지를 공동 소유 및 경작하고 그 수확량을 노동량에 따라 분배하자는 공동 농장제도다.

▲ 남양주에 있는 정약용의 생가인 여유당. 『여유당전서』는 정약용의 집 이름에서 따온 당호를 붙여 지어진 제목이다.

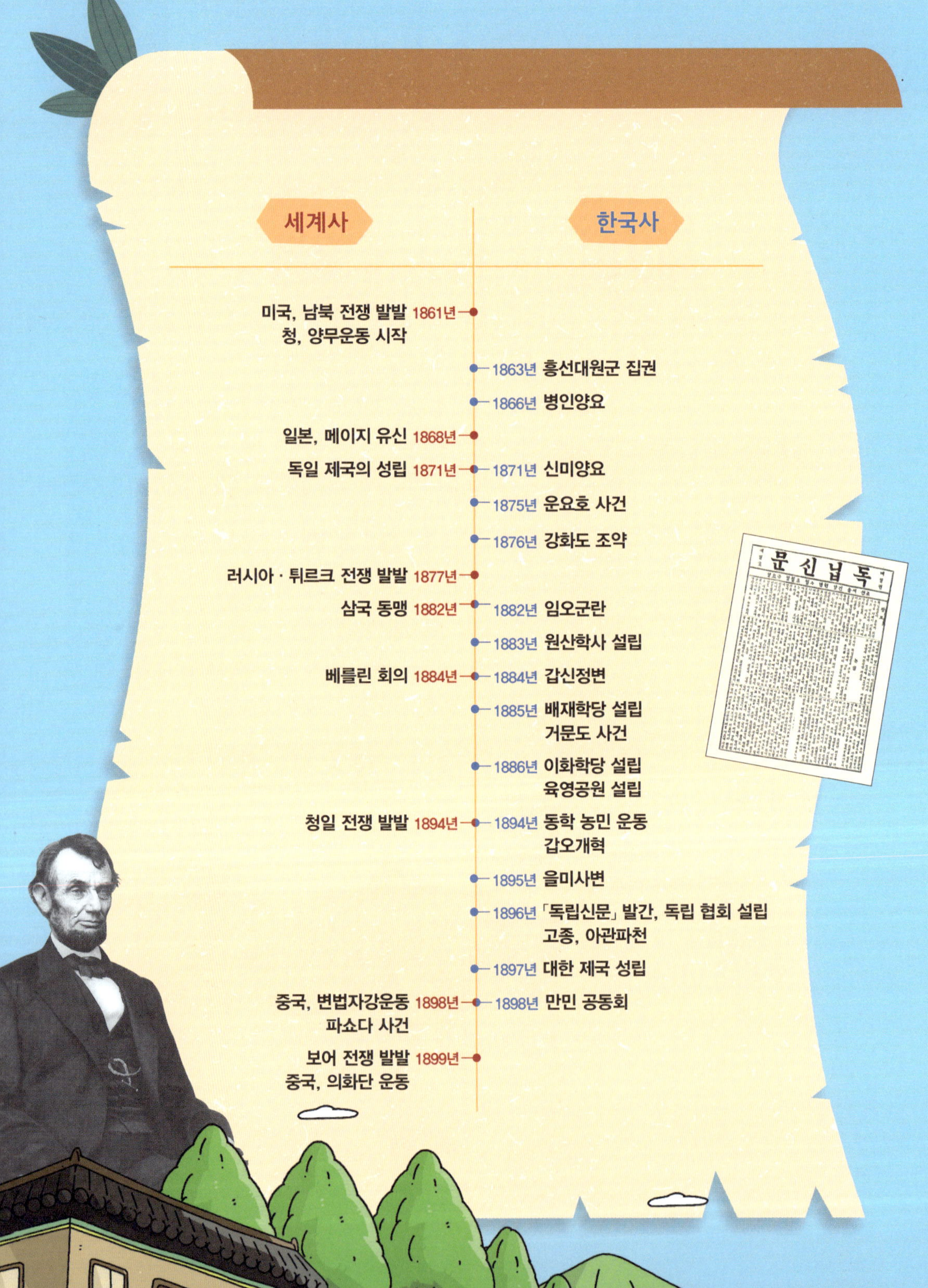

세계사
한국사

미국, 남북 전쟁 발발 1861년
청, 양무운동 시작

1863년 흥선대원군 집권

1866년 병인양요

일본, 메이지 유신 1868년

독일 제국의 성립 1871년
1871년 신미양요

1875년 운요호 사건

1876년 강화도 조약

러시아 · 튀르크 전쟁 발발 1877년

삼국 동맹 1882년
1882년 임오군란

1883년 원산학사 설립

베를린 회의 1884년
1884년 갑신정변

1885년 배재학당 설립
거문도 사건

1886년 이화학당 설립
육영공원 설립

청일 전쟁 발발 1894년
1894년 동학 농민 운동
갑오개혁

1895년 을미사변

1896년 「독립신문」 발간, 독립 협회 설립
고종, 아관파천

1897년 대한 제국 성립

중국, 변법자강운동 1898년
1898년 만민 공동회
파쇼다 사건

보어 전쟁 발발 1899년
중국, 의화단 운동

문 신 납 톡

제국주의를 극복하기 위한
근대 국가 수립 운동이 일어나다

19세기 후반기에는 산업혁명이 가속화하면서 제국주의 경쟁이 불붙기 시작했습니다. 서구 열강은 아메리카에서 아시아와 아프리카로 눈을 돌려 영토는 물론 수많은 이권을 빼앗았습니다. 일본도 메이지 유신 이후 조선을 강제로 개국시키고, 청일 전쟁에서 승리하면서 서구 열강과 어깨를 나란히 하게 되었습니다. 이에 맞서 아시아와 아프리카에서는 제국주의를 극복하고 근대 국가를 수립하기 위한 운동이 다각적으로 전개되었습니다. 중국에서는 양무운동, 변법자강 운동, 의화단 운동이 일어났고, 아시아 각지에서도 제국주의 침탈에 반대하는 민족운동이 활발히 전개되었습니다.

우리나라 역시 일본의 강제 개국 이후 열강의 침략에 맞서 근대 국가를 수립하기 위한 운동이 일어났습니다. 그러나 그 과정에서 일어난 갑신정변과 동학 농민 운동, 독립 협회 활동 등은 모두 실패로 끝나고 말았습니다. 비록 대한 제국이 선포되었지만 주권은 바람 앞에 등불이었고, 주권을 되찾기 위한 애국계몽 운동과 의병 활동이 계속 전개됐습니다.

1861년 미국, 남북 전쟁 발발

▲ 링컨

미국은 독립한 지 100년도 되지 않아, 남부와 북부가 서로 다른 경제 구조로 인해 첨예하게 대립하면서 위기를 맞게 되었습니다. 1861년 노예 해방을 약속한 북부 출신의 에이브러햄 링컨이 대통령에 당선되자, 대농장이 많아 노예 해방을 반대하는 남부와 상공업이 발달하여 자유노동자를 필요로 하는 북부 간에 남북 전쟁(~1865)이 일어났습니다. 전쟁 초기에는 북부가 불리했으나 링컨이 1863년 1월 1일 **노예 해방 선언***을 포고령 형식으로 발표하자 자유민을 갈망하던 흑인들이 대거 군에 자원 입대하면서 전세가 역전되었습니다. 결국 전쟁은 북부의 승리로 끝났고, 링컨은 미국 역사에 길이 남는 위대한 인물로 기록되었습니다.

★**노예 해방 선언** 인간이 당연히 누려야 할 기본권을 빼앗기고 고통받던 인간에 대한 해방령을 선포한 것으로, 즉각 국제적인 반향을 일으켰다. 남부를 지원할 수도 있었던 영국과 프랑스가 국제 여론을 고려하여 전쟁 개입을 포기했다.

1861년 청, 양무운동 시작

서구 열강의 침탈로 고통을 겪은 중국의 지식인들은 부국강병을 위해 서양의 근대 기술을 받아들이는 근대화 운동을 전개했습니다. 이를 '양무운동'이라고 합니다. 양무운동의 정신은 중체서용中體西用에 있

▲ 난징에 세워진 금릉기기국(근대식 무기 공장)

습니다. 이는 곧 중국의 정신적 가치를 지키되 서양 기술을 이용해서 개혁과 부국강병을 꾀하고자 하는 것입니다. 1861년 베이징에 처음 **총리아문***이 설치된 것을 시작으로, 이홍장, 증국번, 좌종당 등이 주도하여 군수공업을 일으키고 육·해군을 양성하며 신식학교를 세우고 유학생을 서양에 파견하는 등 다양한 개혁이 추진되었습니다. 그러나 해군을 강화하는 데 쓰여야 할 자금이 서태후의 이화원頤和園 건설에 전용되는 등 체계적인 개혁이 이루어지지 못했고, 결국 청일 전쟁에서 패배하면서 개혁은 막을 내렸습니다.

★**총리아문** 청나라 때에 외교를 맡아보던 관아. 1860년 톈진 조약의 비준 이후, 외국 사신이 베이징에 상주하면서 1861년에 창설되었다.

1863년 흥선대원군 집권

한국은?

철종이 후사를 남기지 못하고 세상을 떠나자, 세도 정치를 펼치고 있던 안동 김씨는 종친 중에서 흥선군 이하응의 둘째 아들인 이명복을 후계자로 세웠습니다. 이하응은 아들이 고종으로 즉위하자, 왕의 살아 있는 최초의 아버지인 대원군이 되어 권력을 한 손에 쥔 채 **개혁 정치***를 펼쳐 나갔습니다.

★**개혁 정치** 고른 인재 등용과 국가 재정 확보를 위해 서원을 47개소만 남기고 철폐하였으며, 양반에게도 호포세를 징수했다. 또한 왕실의 위엄을 세우기 위해 경복궁을 중건하고, 대전회통을 간행하는 등 개혁 정치를 펼쳤다. 그러나 당백전 화폐 발행으로 경제 혼란이 일어나 집권 10년 만에 결국 하야했다.

▲ 흥선대원군

1866년 · 병인양요

병인박해* 로 프랑스 선교사 아홉 명이 처형되자, 이를 빌미로 프랑스의 함대가 강화도로 쳐들어오는 병인양요가 발생했습니다. 프랑스는 양헌수의 **정족산성***과 한성근의 문수산성 전투에서 패퇴했으나, 퇴각하며 외규장각 문고에 불을 지르고 349점의 책을 약탈했습니다. 그때부터 프랑스 국립 도서관에 보관되어 있던 '의궤'는 2010년 G20 정상회의를 계기로 영구적인 대여 형식으로 반환이 결정되어, 2011년 145년 만에 고국으로 돌아올 수 있었습니다.

★**병인박해** 대원군은 1866년 프랑스의 힘으로 러시아 남하를 막으려는 계획이 어긋나자 8,000여 명을 희생시키는 조선 역사상 최대 규모의 천주교 박해를 일으켰다.

★**정족산성** 인천 강화군 정족산에 있는 옛 성. 단군이 세 아들에게 명하여 쌓았다는 전설이 전해지는 옛 성으로, 양헌수 승전비 등이 남아 있다.

1868년 · 일본, 메이지 유신

미국에 굴욕적인 외교로 개항한 것에 대해 비판 여론이 일본 내에서 확산되면서 막부 체제가 무너지고 사쓰마 번, 조슈 번 등 천황 중심의 개혁론자를 중심으로 새로운 입헌정부가 들어섰습니다. 메이지 정부는 에도를 중심으로 **폐번치현**廢藩置縣* 을

▲ 메이지 정부가 미국과 유럽의 문물을 파악하기 위해 파견한 이와쿠라 사절단

★**폐번치현** 번을 폐지하고 지방 부, 현으로 통일한 개혁

단행하여 봉건제를 폐지하고 중앙집권체제를 갖추는 한편, 조세제도를 개혁하고 신분제를 철폐했으며 징병제 등을 실시했습니다. 또한 근대적 공장과 각종 시설을 갖추고 유학생을 유럽으로 파견하기도 했습니다. 이러한 메이지 정부의 개혁을 '메이지 유신'이라고 합니다.

1871년 · 독일 제국의 성립

독일 제국의 성립은 전적으로 천재적인 외교 전략가이자 정치가인 프로이센의 수상 비스마르크의 업적입니다. 그가 밀어붙인 자유주의자들에 대한 억압, 권모술수에 의한 외교 전략, 그리고 '철과 피'로 상징되는 철혈 정책을 통해 오스트리아와 프랑스와의 전쟁에서 승리하면서, 결국 프로이센을 중심으로 독일 제국을 통일할 수 있었습니다. 1871년 1월 18일, 독일 제국의 황제로 프로이센의 왕 빌헬름 1세가 즉위했습니다. 그러나 비스마르크는 빌헬름 1세를 조종하고 권력을 휘두르다가 빌헬름 2세에 의해 실각하고 초라한 말년을 보냈습니다.

1871년 · 신미양요

1868년 독일 상인 오페르트가 흥선대원군의 아버지인 남연군 묘 도굴 미수사건을 일으켜 서양인들에 대한 적개심이 높아지던 그해에 평양에서는 미국 상선 제너럴 셔먼호가 무리한 통상을 요구하다가 평양의 민·관·군에 의해 배가 불태워지는 사건이 발생했습니다. 1871년 미군은 이 사건에 대한 책임을 물어 강화도로 침입해왔습니다. 초지진, 덕진진이 점령되었고 광성보에서 어재연 장군을 비롯한 350여 명이 전멸을 당했습니다. 갑곶까지 상륙했던 미국이 철수하자, 흥선대원군은 전국에 서양과 친선하지 말 것을 알리는 척화비를 세웠습니다.

▲ 미군이 가져간 어재연 장군의 수자기帥字旗

1876년 강화도 조약

일본은 **운요호 사건***을 조선의 책임으로 돌리고 이를 구실로 조선과 강화도 조약을 맺었습니다. 강화도 조약은 우리나라 최초의 근대적 조약이자 불평등 조약입니다. 강화도 조약으로 부산·인천·원산 등 전략적으로 중요한 삼항(三港)을 개항하게 되었습니다. 일본은 조선 근해에 대한 자유 해안 측량권을 가지게 되었을 뿐만 아니라 치외법권을 인정받았습니다. 또한 조선에 대한 청의 종주권이 부인되어, 이후 조선을 차지하기 위한 청·일 양국의 치열한 경쟁이 일어났습니다.

▲ 강화도 조약 체결 모습

★**운요호 사건** 일본은 의도적으로 일본 군함 운요호를 강화도 초지진에 접근시켜 강화도 수병의 포격을 유도한 뒤, 이를 빌미로 인천 영종도에 상륙해 온갖 약탈과 방화와 살육을 저질렀다.

1877년 러시아·튀르크 전쟁 발발

러시아와 오스만 제국 사이에는 여러 차례 전쟁이 일어났습니다. 그중 1877년부터 1878년까지 일어난 전쟁은 두 나라 사이에서 일어난 여섯 번째 전쟁입니다. 오스만 제국의 지배를 받던 **슬라브족***들은 러시아의 범(汎)슬라브주의에 힘입어 1875년부터 보스니아·헤르체고비나, 불가리아, 세르비아와 몬테네그로에서 반란을 일으켰습니다. 러시아는 이 나라들을 지원하기 위해 오스트리아·헝가리 제국의 중립을 약속받은 다음, 오스만 제국에 선전포고를 했습니다. 이 전쟁은 러시아의 승리로 끝났지만 발칸 반도에 분쟁의 불씨를 남기게 되어 세계를 전쟁의 소용돌이에 몰아넣게 됩니다.

★**슬라브족** 유럽 동·중부에 살며 슬라브어를 사용하는 아리안계의 여러 민족을 통틀어 이르는 말. 러시아인·우크라이나인 등의 동슬라브, 폴란드인·체코인·슬로바키아인 등의 서슬라브, 슬로베니아인·세르비아인·크로아티아인·불가리아인 등의 남슬라브로 크게 나뉜다.

1882년 삼국 동맹 결성

삼국 동맹은 원래 1879년 독일과 오스트리아·헝가리 제국 사이에 맺어진 이국(二國) 동맹에 이탈리아가 추가로 참여하여 삼국 동맹이 된 것입니다. 이탈리아는 1881년 프랑스가 아프리카의 튀니지를 차지해 자국의 보호령으로 삼자, 이에 반발하여 프랑스를 견제할 목적으로 삼국 동맹에 참여했습니다.

1882년 임오군란

임오군란은 고종의 개화 정책으로 설립된 신식 군대인 별기군과의 차별 대우에 항거하여 구식 군인들이 일으킨 반란입니다. 구식 군인들은 개화 정책으로 국가 재정이 고갈되면서 무려 13개월 동안 월급을 받지 못하다가, 지급된 한 달치 급여마저도 민씨 일파의 부정으로 인해 겨와 모래가 섞인 쌀로 지급되었습니다. 이에 분노한 구식 군인들이 거세게 항의했지만, 책임은 도리어 그들에게 전가되었습니다. 결국 격분한 군인들이 봉기하여 일으킨 사건이 바로 임오군란이었습니다. 이 과정에서 개화 정책의 중심에 있던 중전 민씨(후에 명성황후로 추존)가 장호원으로 몸을 피하고 흥선대원군이 일시 집권하여 구(舊)제도를 복원했습니다. 그러나 청에서 **위안스카이***가 1,500여 명의 군대와 함께 들어와 흥선대원군을 텐진으로 납치했고, 조선은 **내정간섭***의 굴욕을 겪게 되었습니다.

★**위안스카이** 중국의 정치가. 조선의 임오군란과 갑신정변, 중국의 무술정변에 관여했으며, 의화단 사건 이후 총독, 북양 대신이 되었다. 신해혁명 때는 전권을 장악해 청의 마지막 황제 선통제를 퇴위시켰다.

★**내정간섭** 다른 나라의 정치(내정)에 간섭하거나, 또는 더 나아가 강압적으로 그 주권을 속박·침해하는 일

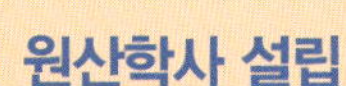

1883년 원산학사 설립

원산학사는 함경남도 원산에서 주민들 스스로 교육의 필요성을 느껴 자제들에게 영어와 신교육을 가르치기 위해 세운 교육 기관으로, 한국 근대 교육의 출발점이 되었습니다. 1883년 8월, 정부에 보고하여 정식 승인을 받았습니다. 학습 기간은 1년이었고, 설립 초기에는 문예반·무예반으로 나누어 250명을 입학시켰습니다.

1884년 베를린 회의

1885년까지 비스마르크의 주도로 베를린에서 개최되었습니다. 아프리카 콩고 분지의 분할 문제를 논의하기 위해 유럽 각국과 미국, 러시아, 튀르키예가 모였습니다. 이 회의는 겉으로는 노예 무역을 금지하는 등 인도주의적인 모습을 보였으나, 실제로는 베를린 조약의 첫 번째 조항에서 알 수 있듯이 아프리카 분할 원칙을 결정한 회의였습니다. 그 내용은 '아프리카 영토의 통치와 보호를 목적으로 통치 대표부를 설치한 유럽 국가는 어느 국가라도 아프리카 영토권을 주장할 수 있다'라고 되어 있어 아프리카 주민의 의사는 완전히 배제된 채 식민주의에 입각한 아프리카의 분할이 본격적으로 시작되는 계기가 되었습니다.

1884년 갑신정변

흥선대원군이 톈진으로 납치된 상태에서 청의 내정간섭이 심해지자, 김옥균, 박영효, 홍영식, 서광범 등은 자주적 근대 국가를 건설하겠다는 열망으로 정변을 일으켰습니다. 한국 최초의 우체국인 우정국의 개국 축하연을 계기로 거사하여, 민씨 일파를 제거하고 정권을 잡았습니다. 그러나 '삼일천하'로 끝나버린 이 사건은 대부분의 백성들이 개화나 근대적인 개혁에 대한 자각이 없어 지지를 하지 않은 데다가, 청의 개입과 지원을 약속했던 일본의 방관으로 실패로 끝나고 말았습니다.

▲ 우정국 건물

1885년 배재학당 설립

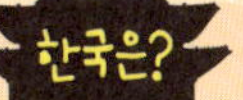

배재학당은 감리교 선교사인 H. G. 아펜젤러가 서울 정동에 세운 우리나라 최초의 근대적 중등 교육기관입니다. 1886년 6월 고종이 '배재'라는 이름을 지어 하사했습니다. 초대 대통령 이승만 등 근현대사에 이름을 남긴 인재를 많이 배출했습니다.

1885년 거문도 사건

영국이 러시아 남하 정책을 막기 위해 거문도를 불법적으로 점령한 사건입니다. 조선의 강한 항의에도 물러가지 않던 영국은 2년 만에 청의 주선으로 물러갔습니다. 이후 한때 유길준, 독일 영사 부들러 등에 의해 조선의 중립화론이 일어났습니다.

1886년 이화학당 설립

감리교 선교사 메리 F. 스크랜튼이 세운 우리나라 최초의 여성 사립 중등 교육기관입니다. 고종과 명성황후는 조선 왕실 가문의 상징인 배꽃을 의미하는 '이화'라는 학교 이름을 내려주었습니다. 유관순 등의 열사와 나라를 발전시킨 인사들을 많이 배출했습니다.

1886년 육영공원 설립

정부가 세운 우리나라 최초의 근대 학교입니다. 1883년 미국에 다녀온 보빙사 민영익 일행이 근대식 학교 설립을 건의하여 승인되었으나 갑신정변으로 지연되었다가, 1886년 미국에서 온 세 명의 교사를 고용하여 정동에 개교했습니다.

1894년 동학 농민 운동

동학 농민 운동은 고부(지금의 전북 정읍)의 민란에서부터 시작되었습니다. 고부 군수인 탐관오리 조병갑의 학정과 수탈에 항거하는 반봉건 투쟁으로 전개되었습니다. 동학의 우두머리인 녹두장군 전봉준의 지도 아래 백산·황토현·장성 전투 등에서 관군을 상대로 승승장구하면서 전주를 점령했고 정부와 전주 화약(和約)을 맺었습니다. 민씨 정권은 겉으로는 동학군과 화약을 맺어 전라도에 **집강소***를 설치하고 개혁을 허용하는 척했지만, 청에 원군을 요청해 청군에 이어 일본군까지 들어오면서 청일 전쟁이 일어나게 되었습니다. 전쟁 와중에 일본군이 갑오개혁을 강요하자 동학 농민군은 다시 반외세를 외치며 들고 일어났으나, 공주 우금치 전투에서 관군과 일본군에 모두 패하고 전봉준도 밀고로 붙잡혀 처형되었습니다.

> ★**집강소** 동학 농민 운동 때 전라도 지방에 설치된 자치적 개혁 기구. 한 명의 집강과 서기·집사·동몽 등의 임원들이 행정 사무를 맡아보았다.

1894년 청일 전쟁 발발

조선 정부는 동학 농민군을 진압하기 위해 청나라에 원군을 요청했습니다. 이에 텐진 조약에 의거해 일본군도 조선으로 파병을 하게 되었습니다. 텐진 조약은 갑신정변을 수습하는 과정에서 청일 양국이 맺은 조약으로, 향후 청일 양국은 조선에 군대를 파병할 때 서로에게 문서로 통보하고, 함께 파병해야 한다는 내용을 담고 있습니다. 그리하여 조선에 출동한 청일 양국군 사이에 일어난 전쟁이 청일 전쟁입니다. 그 결과 일본이 승리를 거둬 시모노세키 조약이 맺어졌고, 청나라는 조선에 대한 종주권을 포기하게 되었으며, 랴오둥 반도와 타이완(대만)을 일본에 넘겨주게 되었습니다.

▲ 평양 전투

1894년 갑오개혁

청일 전쟁 중에 일본의 강요로 **군국기무처***에서 시행된 일련의 정치 개혁입니다. 이 개혁으로 신분제가 철폐되고 노비가 해방되었으며, 과거제가 폐지되고 과부 재혼이 허용되었습니다. 그러나 단 3개월 만에 208건의 개혁안을 성급히 단행해 대다수 국민의 지지를 얻지 못했으며, 가장 시급한 개혁인 군사개혁은 실시하지 않았다는 중요한 문제점이 있었습니다.

> ★**군국기무처** 조선 후기, 정치·군사에 관한 일체의 사무를 맡아보던 관아. 고종 31년(1894년)에 설치한 것으로, 갑오개혁의 중추적 역할을 했다.

1895년 을미사변

청일 전쟁에서 승리한 일본이 청과 시모노세키 조약을 맺어 랴오둥 반도를 할양받자 러시아, 프랑스, 독일 삼국은 일본에 압력을 가해 랴오둥 반도를 청나라에 반환케 했습니다. 이를 삼국간섭이라고 합니다. 일본의 국제적 위신이 추락하자 조선 정부는 중전 민씨를 중심으로 친(親)러시아 경향을 보였습니다. 이에 일본의 미우라 공사는 자객들을 경복궁에 침입시켜 중전 민씨를 살해하고 시신을 불태우는 만행을 저질렀습니다. 이 사건을 을미사변이라고 합니다.

▲ 독립신문

1896년 「독립신문」 발간, 독립 협회 설립

「독립신문」은 한국 역사상 최초의 근대적 민간 일간지로, 독립운동가인 서재필이 발행했습니다. 국어학자 주시경의 발의로 순한글로 발행되었고, 외국에 조선의 사정을 알리기 위해 영문판으로도 발행되었습니다. 역시 서재필이 설립한 독립 협회는 한국 역사상 최초의 애국 계몽 단체로, 대중을 기반으로 한 자주 독립, 자유 민권, 자강 개혁 운동을 펼쳐 나갔습니다.

1896년 고종, 아관파천

'아관(俄館)'이란 러시아 공사관을 말하고, '파천(播遷)'이란 임금이 처소를 옮기는 것을 말합니다. 을미사변 이후 일본의 감시를 받던 고종은 친러파의 도움을 받아 러시아 공사관으로 거처를 옮겼습니다. 아관파천 이후 친일 내각은 실각하고 친러 내각이 들어섰지만, 러시아를 비롯한 열강에 의해 전기·전화·철도 부설권, 삼림 벌채권, 금광 채굴권 등의 이권을 상실하게 되었습니다.

▶ 러시아 공사관

1897년 대한 제국 성립

독립 협회의 환궁 운동에 힘입어 경운궁으로 1년여 만에 돌아온 고종은 원구단에서 국호를 '대한 제국', 연호를 '광무'로 선포하면서 황제 즉위식을 거행했습니다. 또한 대한 제국의 헌법적 성격을 가지는 '대한국 국제'도 발표했습니다. 이어서 대한 제국은 산업의 발전과 교육의 진흥에 역점을 둔 **광무개혁***을 실시했습니다.

★**광무개혁** 고종의 연호, 광무 연간에 실시한 대한 제국의 개혁이다. 옛것을 본받아 새로운 제도를 참조하는 '구본신참(舊本新參)'의 정신으로 진행되었다.

▶ 대한 제국 초대 황제 고종

1898년 만민 공동회

독립 협회는 1898년 3월 10일, 종로에서 관료, 시민, 유생, 학생 등이 모인 가운데 한국 역사상 최초의 정치 집회인 만민 공동회를 열었습니다. 만민 공동회의 요구에 굴복한 고종과 조선 정부는 러시아인 재정 고문과 군사 교관을 해임하고, 한러은행The Russo-Korean Bank도 철폐했습니다. 이후 만민 공동회는 개화파 성향의 고위 관리들이 합류하면서 관민공동회로 발전하였고, 외세의존적인 정치를 비판하며 중추원을 통한 근대적 의회 제도의 실시를 건의하는 '헌의 6조'를 채택했습니다. 그러나 반대파의 공격과 탄압을 받아 강제 해산되고 말았습니다.

1898년 중국, 변법자강운동 추진

중국은 청일 전쟁에서 패배한 이후, 서양 열강에 의해 이권을 빼앗기면서 위기에 몰려 있었습니다. 이것을 타개하기 위해 캉유웨이와 량치차오 등 개혁적 성향의 지식인들이 **광서제***의 신뢰하에, 일본의 메이지 유신과 같은 입헌군주제를 바탕으로 하는 **변법자강**變法自彊* 운동을 일으켰습니다. 그들은 의회를 설립하고 과거제를 폐지하며, 신교육 실시와 상공업 진흥 등 개혁을 추진해 나갔습니다. 그러나 서태후를 비롯한 보수파에 무력 탄압을 받아 100여 일 만에 막을 내렸고, 청의 11대 황제 광서제도 독살되었습니다. 이것을 '100일 유신'이라고 합니다.

★**광서제** 서태후의 옹립으로 황제에 즉위했으나 서태후의 무력 탄압으로 변법자강의 개혁에 실패하고 궁중에 깊숙이 유폐되었다.

★**변법자강** 청나라 말기 캉유웨이와 량치차오 등의 혁신파가 내세웠던 개혁 운동. '시대에 맞지 않는 법과 제도를 고쳐 스스로 강하게 한다'는 목표 아래 부국강병을 꾀했다.

1898년 파쇼다 사건

제국주의 열강이 식민지 쟁탈전을 벌이던 시기, 영국은 아프리카를 **종단 정책***으로 차지하려 했고, 프랑스는 아프리카를 횡단 정책으로 지배하려 했습니다. 이처럼 두 나라의 종단 정책과 **횡단 정책***이 충돌한 사건이 파쇼다 사건입니다. 1898년 7월, 프랑스군은 마르샹 소령의 지휘 아래 파쇼다에 도착해 프랑스 국기를 게양했습니다. 이에 맞서 아프리카 수단을 거쳐 남하한 영국의 키치너 장군은 같은 해 9월, 하루툼을 점령한 뒤 파쇼다에 이르러 마르샹 대령에게 철수를 요구했습니다. 마르샹 대령은 이를 거부했고, 이 문제는 두 나라 사이의 외교 분쟁으로 비화했습니다. 결국 1899년 양국은 타협하여 나일강과 콩고강 유역을 두 나라의 세력권 경계로 삼기로 합의했습니다. 이후 영국은 이집트에서, 프랑스는 모로코에서 우위를 확보하게 되었습니다.

★**종단 정책** 아프리카의 남북을 식민지로 연결하려는 영국의 식민화 정책. 제1차 세계대전을 전후해 완성되었다.

★**횡단 정책** 아프리카의 동서를 식민지로 연결하려는 프랑스의 식민화 정책. 영국과 대립하다가 파쇼다 사건을 계기로 좌절되었다.

▲ 아프리카를 횡단하는 프랑스군 마르샹 소령

보어 전쟁 발발

보어 전쟁은 '남아프리카 전쟁'이라고도 합니다. 이 전쟁은 영국이 네덜란드 이주민의 후손인 보어인들이 세운 남아프리카의 트란스발 공화국과 **오렌지 자유주*** 를 차지하기 위해 일으킨 무자비한 학살 전쟁이었습니다. 트란스발 지역에서 금광이, 오렌지 자유주에서 다이아몬드가 발견되자, 영국은 약 8만 8,000여 명의 보어인을 제압하기 위해 무려 45만 명의 정규군을 투입했습니다. 그 과정에서 2만여 명의 보어인들이 비위생적인 강제 수용소에서 죽어가게 하는 등의 만행 끝에 남아프리카 지역을 장악했습니다. 그러나 이 전쟁은 국제 사회의 거센 비난을 불러왔고, 그 결과 기존에 어떠한 나라와도 동맹을 맺지 않고 홀로 식민지를 개척하던 영국은 이른바 '영광의 고립 정책'을 포기하게 됩니다. 이후 영국은 일본, 프랑스에 이어 러시아와도 협력을 추진하게 되었습니다.

★**오렌지 자유주** 남아프리카 공화국 내륙에 있는 주. 보어인이 개척한 땅으로 인구의 80%가 흑인이다.

중국, 의화단 운동

의화단義和團은 산둥성의 농민들이 조직한 비밀 결사 단체로, 권법을 익히며 동시에 민간 신앙에서 비롯한 종교 의식도 행했던 단체입니다. 그들은 청을 도와 서양 세력을 내몰겠다는 구호 아래 교회와 외국 공사관, 철도, 전신 등을 공격하는 외세 배격 운동을 일으켰습니다. 이것이 바로 의화단 운동입니다. 그러나 열강들이 군대를 동원해 베이징을 함락하고 서태후와 광서제가 시안으로 피신하자, 북양 대신大臣 이홍장 등은 열강들과 **신축 조약*** 을 맺게 되었습니다. 그 결과 중국은 수많은 이권을 빼앗겼고 거액의 배상금을 물었습니다.

★**신축 조약** 1901년(신축년) 9월 7일 중국이 의화단 사건 처리를 위해 영국·미국·러시아·독일·일본 등 11개국 열강과 체결한 불평등 조약. 베이징 의정서라고도 한다.

▲ 의화단원들

아래로부터 일어난 제국주의 침략에 대한 저항 운동

19세기 제국주의 침략으로 고통에 빠졌던 아시아의 여러 나라들은 열강의 제국주의 침략으로부터 벗어나 근대 국가를 이루기 위한 운동을 전개하였습니다. 인도에서, 중국에서, 한국에서 전개된 제국주의에 대항하는 항쟁의 공통점은 위로부터의 일방적인 개혁이 아니라 아래로부터 일어난 대규모 민중 운동이었다는 점입니다. 이들 운동은 모두 열강들의 침입에 불타는 적개심과 분노를 안고 전국적으로 항쟁을 일으키며 치열한 투쟁을 전개했습니다.

다음에서는 아시아 각국에서 일어난 아래로부터의 개혁 운동 가운데, 중국의 의화단 운동과 한국의 동학 농민 운동을 중심으로 살펴보겠습니다.

'부청멸양'을 외치는 의화단 운동이 일어나다

의화단이란 그 말 그대로 '의롭게 평화를 수호하는 단체'라는 뜻입니다. 의화단 운동은 산둥성이 있는 화북 지방의 가난한 민중들이 권법을 중심으로 자위 조직을 갖추면서 비밀 결사 단체로 시작했습니다. 의화단을 이끌어가던 사람들은 변법자강 운동을 이끌던 학식이 높은 사람이나 양무운동을 주장하던 한인 고위 관리와는 아무런 관련이 없는 하층민들이었습니다. 그들은 오승은의 소설 『서유기』에 나오는 손오공이나 저팔계를 신으로 섬기면서 권법을 100일만 배우고 익히면 총이나 검도 피할 수 있고, 400일을 배우고 익히면 하늘도 날 수 있는 신통력을 얻을 수 있다고 선전하여 사람들을 끌어모았습니다.

특히 크리스트교가 중국으로 확산되는 것에 큰 위기를 느껴 교회를 습격해 십자가와 제단과 성서 등을 불질렀고, 서양을 배격하겠다는 마음이 강해 서양과 관련된 것이면 철도나 전신과 같은 기간 시설이나 학교와 같은 교육 시설, 외국 공관도 파괴해 버렸습니다. 이때 이들이 내건 슬로건은 '청을 도와 서양 세력을 몰아낸다'고 하는 '부청멸양扶淸滅洋'입니다.

흥미로운 점은 정권을 잡고 있던 서태후의 태도입니다. 그녀는 의화단을 이

▲ 베이징으로 들어오는 연합군

용해 열강을 막겠다는 생각을 가지고 있었습니다. 그래서 의화단 진압을 요구하는 열강의 독촉에도 적극적인 대응을 하지 않다가 의화단이 마침내 베이징으로 진격해 외국 공사관을 공격하는 사태까지 일어나자 열강을 상대로 선전포고를 했습니다.

그러나 그 결과는 비참했습니다. 청나라의 태도를 맹렬히 비판하며 영국·미국·독일·프랑스·일본·러시아·이탈리아·오스트리아 등 8개국으로 구성된 연합군이 베이징으로 진군해온 것입니다. 서태후와 그녀에 의해 유폐 중이었던 광서제는 황급히 베이징을 버리고 시안으로 피신해야 했습니다. 그 사이에 이홍장 등이 열강과 신축 조약을 체결하여 간신히 사태를 진정시켰습니다. 열강은 의화단을 부추긴 혐의로 청나라 고관 11명을 처형할 것을 요구했고, 5년간의 재정 수입에 해당하는 4억 5천만 냥의 배상금을 요구했습니다. 또 사태가 진정됐는데도 러시아를 비롯한 열강은 철도를 보호한다는 구실로 군대를 주둔시켰습니다.

비록 의화단 운동은 열강의 무력 동원과 이에 타협한 청 왕조의 배신으로 실패하고 말았지만, 중국 민중의 열화와 같은 외세 배격 의지를 보여준 역사적인 사건이었습니다. 또 의화단 운동 과정에서 청 왕조의 무력함이 만천하에 드러나 이를 타도하려는 혁명의 기운이 짙어지는 계기가 되었습니다.

동학 농민이 일어나 반외세·반봉건을 외치다

새야 새야 파랑새야 녹두밭에 앉지 마라

녹두꽃이 떨어지면 청포장수 울고 간다

19세기 후반 우리 민족이 구슬프게 불렀던 전래 민요의 한 자락입니다. 이 민요에는 동학 농민 운동을 이끌어간 녹두장군 전봉준이 일본군에게 붙잡혀 가지 않기를 간절히 바라는 민중의 마음이 잘 나타나 있습니다.

동학 농민 운동의 제1차 봉기는 탐관오리의 횡포에 항거하는 반봉건 투쟁으로 일어났습니다. 탐관오리의 대표인 고부 군수 조병갑이 만석보를 헐어버리고 새로운 보를 만들면서 백성들에게 곡물 값을 내게 하자, 동학의 우두머리인 전봉준이 동학군을 이끌고 민란을 일으켰습니다. 그런데 고부 민란을 수습하러 온 **안핵사*** 이용태는 한술 더 떠 제대로 된 조사는 하지 않고 탐학한 착취에만 열을 올렸습니다. 이에 분노한 전봉준은 다시 일어나 백산·황토현·장성 전투 등에서 연이어 승리하였고, 마침내 전주를 점령하게 되었습니다. 무능한 정부는 청군에게 도움을 요청했는데, 이로 인해 일본군까지 출동하는 사태가 벌어지고 말았습니다. 이에 동학군은 청일 양군을 물리치기 위해 정부와 전주 화약을 맺었습니다.

★안핵사 조선 후기, 지방에서 발생하는 민란을 수습하기 위해 파견하던 임시 벼슬

전주 화약에 따라 전라도에서는 농민군의 자치 기구인 집강소가 설치되었고 거의 혁명적이라고 할 수 있는 폐정弊政 개혁이 실시되었습니다. 과부의 재가도 허락하고 백정이나 천민에 대한 차별 대우를 없애는가 하면, 부호·양반·탐관오리·친일 세력 등을 단호히 배척하기도 했습니다. 그리고 토지 개혁도 실시할 예정이었습니다. 그런데 일본군이 철수하기는커녕, 경복궁을 무력으로 포위하고 갑오개혁을 강요하는 사태가 일어났습니다. 동학 농민군은 다시 반외세

를 외치며 제2차 봉기를 일으켰습니다. 그러나 공주 우금치 전투에서 관군과 일본군에게 대패하였고, 녹두장군 전봉준도 전북 순창군 피노리에서 붙잡혀 교수형에 처해지고 말았습니다. 처형되기 전, 전봉준 장군은 나지막하지만 힘 있는 목소리로 다음과 같은 마지막 시를 남겼습니다.

때가 이르러서는 천지와 함께 했으나
운이 가니 영웅도 스스로 꾀할 바 없구나
백성을 사랑한 정의에 내 잘못은 없노라
나라를 사랑한 붉은 마음 그 누가 알아주겠나

그는 비록 처형장의 이슬로 사라져 갔지만 그와 동학 농민군이 나라를 위해 일어났던 그 마음, 그 거사는 오늘날까지도 민족의 이름으로 역사 속에 살아남아 우리에게 힘이 되고 있습니다.

링컨 대통령,
사실은 두 얼굴을 가진 사람?

미국을 방문한 적이 있는 사람이라면 '노예 해방의 아버지'로 불리고 있는 에이브 러햄 링컨 대통령 기념관의 방대한 규모에 놀란 입을 다물지 못했을 것입니다. 사실 링컨 대통령은 진정한 노예 해방론자가 아니었습니다. 그런데도 거짓으로 포장된 역사의 진실을 모르는 많은 사람들이 그의 노예 해방에 존경과 찬사를 보냅니다.

우리는 이제 링컨 대통령의 새로운 진실에 눈떠야 합니다. 그는 원래 인종 차별주의자였습니다.

"백인들이 법적 권리를 내세울 때 나는 그것을 억지로가 아니라 진심으로 승인합니다. 나는 그들에게 도망친 노예를 잡아들일 어떠한 입법조치라도 해 줄 것입니다."

그가 한 말입니다. 그는 흑인이 백인보다 열등하며, 백인이 흑인과 사회적 혹은 정치적 평등을 나누는 것은 공상적인 말잔치에 불과한 일임을 분명히 했습니다. 또 예를 들어 보겠습니다.

"이 싸움에서 나의 주된 목적은 연방을 보전하는 것이지, 노예 제도를 보전하거나 폐지하자는 것이 아닙니다. 어떠한 노예도 해방시키지 않고 연방을 보전할 수 있다면, 나는 그렇게 할 것입니다. 또한 모든 노예를 해방시켜서 연방을 보전할 수 있다면, 나는 그렇게 할 것입니다."

링컨 대통령이 노예 폐지론자인 신문기자 호레이스 그릴리에게 1862년 보낸 편지 중의 일부입니다. 그가 1863년 세상을 깜짝 놀라게 하며 발표한 '노예 해방 선언'은 남군에게 밀리고 있던 당시 남북 전쟁을 역전시키기 위한 꼼수였습니다. 실제로 노예 해방 선언 이후에 수많은 흑인들이 북군을 위해 몸 바쳐 싸웠고 전세는 역전되었습니다. 남부는 북부보다 인구가 적었는데도 미연방의 70%에 해당하는 세금을 부담하고 있었습니다. 이 부담을 견디다 못한 남부가 연방 탈퇴를 결정하자, 링컨 대통령은 연방 탈퇴의 자유를 보장했던 헌법을 무시하고 전쟁을 불사하는 한편, 노예 해방을 구실로 남부를 무력으로 강제 진압했습니다. 그가 일으킨 남북 전쟁 과정에서 당시 미국 인구 3천만 명 중 62만 명이 목숨을 잃었습니다. 연방을 지키기 위해 전쟁이라는 무리수를 쓴 것입니다. 사실상 노예 해방은 목적을 이루기 위한 수단에 불과했습니다.

또한 그는 전쟁 당시 북부에도 계엄령을 발동하여 자신을 비판하거나 반전론을 펼치는 언론인과 시민 등을 영장 없이 체포·구금하는 모습을 보이기도 했습니다. '자유와 인권을 존중하여 노예를 해방시킨 위대한 대통령, 링컨'의 이면에는 '두 얼굴을 가진 사람'이라는 타이틀도 존재했던 것입니다.

포장지 그림의 재탄생이
인상파 화가의 작품으로?

오늘날 전 세계에서 수많은 사람들에 의해 가장 사랑받는 작품을 꼽으라면, 19세기 후반에 활동했던 에두아르 마네, 클로드 모네, 오귀스트 르누아르, 빈센트 반 고흐 등 인상파 화가들의 작품일 것입니다.

그중에서도 자살로 생을 마감했던 반 고흐의 작품은 에도 시대에 유행한 일본의 다색 목판화인 '우키요에浮世繪'의 직접적인 영향을 받았습니다. 우키요에란 속세의 모습을 대중적 목판화 형태로 만든 것인데, 밝고 강렬한 채색이 특징입니다.

당시 유럽 화가들은 새로운 화풍을 모색하고 있었습니다. 그러다가 일본 도자기를 포장해 온 포장지에서 너무나 아름답고 강렬한 색감으로 창작 의지를 일깨워 주는 이색적인 그림을 만나게 되었습니다. 그것이 바로 우키요에였다고 합니다.

네덜란드 출생의 화가로 파리에 진출했던 반 고흐는 우키요에를 보고 한눈에 반해 버렸습니다. 똑같이 습작하기도 하고, 같은 구도의 그림을 그려내기도 했습니다. 그는 100여 점의 우키요에를 수집했을 뿐만 아니라 일본을 너무 동경한 나머지, 아예 근거지를 일본과 같은 기후 조건을 가졌다고 생각한 프랑스 남부 아를로 옮겨 창작에 몰두하기 시작했습니다. 물감 파는 상인을 표현한 〈탕기 영감의 초상〉(1887년)이라는 그림의 배경에는 온통 우키요에가 가득합니다. 모사작도 그렸습니다. 일본 우키요에의 대표 화가인 우타가와 히로시게의 〈오하시 다리 위에 갑자기 쏟아진 소나기〉(1857년)라는 작품을 거의 그대로 모방해, 〈비 내리는 다리〉(1887년)라는 작품을 그리고는 거기에다 일어까지 적어 넣었습니다.

그뿐이 아닙니다. 마네 역시 〈에밀 졸라의 초상〉(1868년)을 그리면서 그림 속 에밀 졸라의 서재 한쪽 벽을 우키요에로 채웠습니다.

역사에도 만약이라는 말이 있습니다. 만약, 조선에서 사랑받던 풍속화가 단원 김홍도나 혜원 신윤복의 그림이 인상파 화가들에게 알려졌다면, 어떻게 되었을까요? 어쩌면, 세계에서 가장 사랑받는 인상파 화가들 그림 속에 우리 풍속화가들의 작품이 녹여져 있지 않았을까요? 역사는 정말 흥미로운 학문입니다.

▲ 고흐가 우키요에의 영향을 받아 배경을 그린 〈탕기 영감의 초상〉

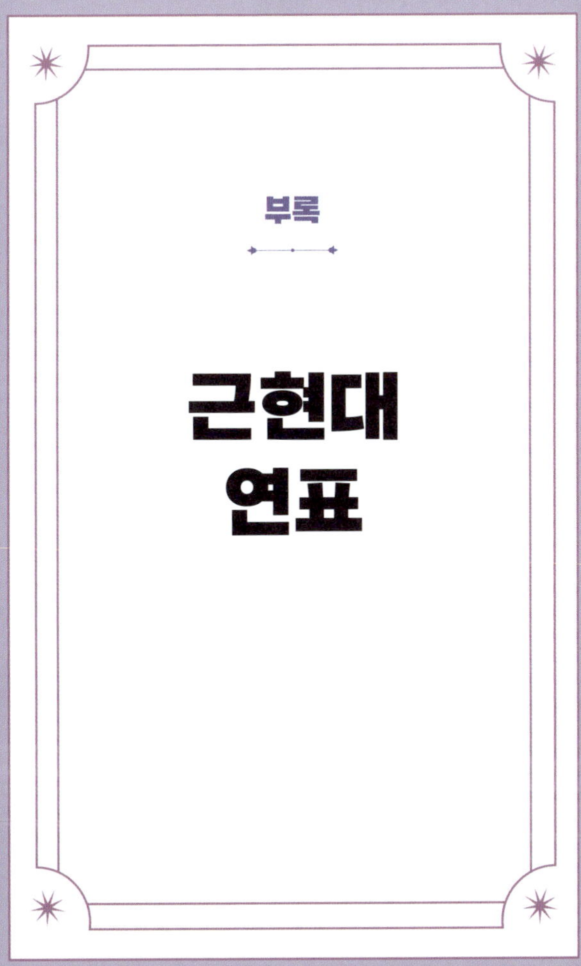
부록

근현대
연표

비극의 상처를 남긴 두 번의 전쟁

21세기를 전후하여 열강들은 아시아, 아프리카, 오세아니아는 물론 태평양의 섬들까지 서로 차지하려는 제국주의 경쟁에 적극 나섰습니다. 아프리카에서는 영국의 종단 정책과 프랑스의 횡단 정책이 격돌하였고, 독일과 영국은 3B 정책과 3C 정책으로 서로 맞불을 놓았습니다. 여기에 범게르만주의와 범슬라브주의가 복잡하게 얽히면서 '유럽의 화약고'로 불리는 발칸반도에서 사라예보 사건을 계기로 제1차 세계 대전이 일어났습니다. 제1차 세계 대전이 장기전이 됨에 따라 인류는 끔찍한 전쟁의 참상에 시달렸습니다. 전쟁 후 국제연맹이 창설되었으나 인류는 또다시 제2차 세계 대전이라는 전쟁의 소용돌이에 휘말리게 되었습니다. 두 대전 동안 화학무기, 탱크, 핵무기와 같은 신무기가 개발되어 대량 학살이 일어났고, 독일은 수백만 명에 이르는 유대인을 학살하는 홀로코스트를 저질렀습니다. 제2차 세계 대전이 끝난 후 세계는 전쟁 방지와 평화공존을 목적으로 국제연합을 창설하였습니다.

1904 **러일 전쟁** 한국을 보호국으로 만들려는 러시아의 남하정책과 일본의 대륙 진출 정책이 충돌한 전쟁

1905 **피의 일요일** 로마노프 왕조가 노동자들의 평화 시위를 무력 진압한 사건. 러시아 혁명의 도화선
을사조약 체결 을사5적이 가결시킨 외교권 강탈 및 통감부 설치를 내용으로 하는 조약

1906 **스와라지·스와데시 운동** 영국의 분할 정책에 맞선 인도인들의 반영민족운동

1907 **삼국협상** 제1차 세계 대전 주축국인 영국·프랑스·러시아가 독일을 견제하기 위해 한 협상
국채 보상 운동 일본에 진 빚을 갚기 위해 시작된 경제적 자립운동
헤이그 밀사 파견 만국평화회의에 을사조약의 부당성을 알리고자 파견한 사건. 이 일로 고종 강제 퇴위

1910 **국권피탈** 한일 합병 조약 공포로 식민통치 시작

1911 **신해혁명** 청 왕조를 무너뜨리고 중화민국 수립

1914 **사라예보 사건** 제1차 세계 대전의 기폭제가 된 오스트리아-헝가리제국 황태자 암살 사건
제1차 세계 대전(~1918) 범게르만주의와 범슬라브주의의 대립으로 촉발된 전쟁
대한광복군정부 수립 블라디보스토크에서 이상설을 대통령으로 하는 정부 수립

1915 **신문화 운동** 5·4 운동의 정신적 바탕이 된 신사상 계몽 운동

1917 **11월 혁명** 러시아에 최초의 사회주의 국가인 소비에트 정권 수립

1918 **평화원칙 14개조 발표** 민족자결주의와 국제연맹 창설 등을 포함한 원칙으로 제1차 세계 대전 강화회의에서 제창
무오 독립 선언서 발표 2·8 독립 선언과 기미 독립 선언서에 많은 영향을 준 독립 선언

1919 **베르사유 조약** 제1차 세계 대전 패전국인 독일에 전후 배상금을 부과한 조약으로 독일 경제 파탄과 히틀러 등장의 계기가 됨
비폭력 무저항 운동 인도 독립을 위한 간디의 영국 상품 불매 운동
5·4 운동 학생들이 중심이 된 중국의 반제국, 반봉건 혁명 운동
2·8 독립 선언 민족 자결주의에 영향을 받아 도쿄 일본 유학생들이 발표
3·1 운동 우리나라 역사상 최대의 평화적인 만세 운동
대한민국 임시정부 수립 3·1 운동 이후 지속적 독립운동 위해 탄생한 3권 분립에 입각한 민주 공화정제의 임시정부

1920 **국제연맹 창립** 역사상 최초로 성립된 국제기구

1921 **워싱턴 회의** 태평양 군비 경쟁에 제한을 두는 조약 체결

1922 **소련 성립** 러시아 혁명 정권이 국내외 적대세력을 누르고 결성
튀르키예 혁명 정교 분리, 교육·문자 개혁을 통한 근대화를 추구한 혁명

1923 **조선물산장려회 창립** 실력 양성 운동으로 국산품 장려와 소비 절약 등을 전개

1924 **제1차 국공합작** 제국주의 열강에 맞서기 위한 국민당과 공산당의 연합 전선 구축

1925 **로카르노 조약** 제1차 세계 대전 후 영국·프랑스·독일·이탈리아·벨기에 5개국이 체결한 집단 안전보장 조약
조선공산당 창당 농민·노동자 투쟁을 지원했으나 일제 치안유지법 공포로 해산·재조직 반복

1926 **6·10 만세 운동** 순종 상여행렬 때 일어난 대규모 만세 시위

1927 **신간회 창립** 민족주의 세력과 사회주의 세력이 연합한 민족의 유일당 운동

1928 **켈로그·브리앙 조약 조인** 영국·미국·프랑스 등 15개국이 참여하여 전쟁의 불법화를 명문화한 조약

1929 **세계대공황 시작** 미국에서 10월 24일 '암흑의 목요일'로 시작된 경제공황이 세계경제에 파급되며, 독일에서 히틀러가 등장하는 등 전체주의가 등장하게 된 계기
광주 학생 항일 운동 민족 차별에 항거한 만세 시위로 3·1운동 이후 최대 규모의 독립 만세 시위

1930 **간디의 소금행진** 영국의 소금세에 반발한 저항 운동

1931 **만주 사변** 일본이 만주를 병참기지로 만든 사건으로 국제연맹이 철수 권고를 내렸으나 일본이 거부하고 1933년 국제연맹 탈퇴

1932 **윤봉길 의거** 대한민국 임시정부의 존재를 세계에 알리는 계기가 된 폭탄 투척 사건

1933 **뉴딜 정책 실시** 수정자본주의 정책으로 미국 경제공황을 탈출

1935 **민족혁명당 창설** 삼균(三均)주의, 민주공화국 수립 위한 통일전선으로 독립운동의 중심 역할 수행

1937 **중일 전쟁 시작** 제2차 국공합작의 계기가 된 전쟁

1938 **독일의 오스트리아 합병** 게르만주의를 내세운 히틀러의 무단 합병
뮌헨 회담 개최 독일의 수데텐란트 합병을 인정한 회담으로, 제2차 세계 대전 발발의 배경

1939 **제2차 세계 대전(~1945)** 독일·이탈리아·일본이 국제연맹과 각종 조약을 탈퇴하고 일으킨 전쟁

1940 **광복군 창설** 대한민국 임시정부 산하 항일부대로 국내 진공 작전을 펼치기 위해 훈련

1941 **대서양헌장 발표** 제2차 세계 대전 중 영·미회담 후 발표된 것으로, 추축국 응징이 연합국의 공동 전쟁 목표가 되었을 뿐만 아니라 전후에 성립된 국제연합(UN)의 이념적 기초가 된 선언
태평양 전쟁 일본이 대동아공영권을 주장하며 하와이의 진주만 기습을 전격적으로 감행하여 일으킨 전쟁
독일의 소련 침공 독소불가침 조약을 위반하고 소련 본토에 침공하였다가 연합군과 소련의 결속을 가져와 소련의 참전을 유발

1943 **카이로 회담** 대서양 헌장 발표 이후 연합국 삼국 수뇌가 가진 첫 회담. 일본 패전 후 일본의 영토 처리에 대해 결정을 내림. 이로 인해 한국은 독립에 대한 희망을 가짐

1944 **노르망디 상륙 작전** 대규모 병력이 동원된 지상 최대의 상륙작전으로, 파리가 3년 만에 독일로부터 해방

1945 **얄타 회담** 전후 문제를 놓고, 미·영·소 수뇌가 협의한 회담으로 제국주의 식민 국가들의 독립 정부 수립에 대한 사항을 합의
일본 항복 히로시마·나가사키에 원자폭탄이 투하되자 무조건 항복 선언함으로써 제2차 세계 대전 종결
8·15 광복 일본 천황의 항복으로 해방

1946 ~ 1980

냉전에서 다극화로

제2차 세계 대전이 끝난 후 세계는 미국을 중심으로 하는 민주주의 진영과 소련을 중심으로 하는 공산주의 진영으로 나뉘어 극한 경쟁을 벌이는 냉전의 시대에 접어들었습니다. 냉전이 열전으로 불붙은 대표적인 전쟁이 최초로 유엔군이 파견된 6·25, 즉 한국 전쟁과 미국이 개입한 베트남 전쟁입니다. 그러나 1950년대 중엽부터 가난한 국가들이 '빈자의 인터내셔널'로 불리는 제3세계를 형성하면서 냉전에 금이 가기 시작하였습니다. 냉전의 깨어진 얼음 조각은 공산 진영의 깊은 상처를 건드려 동구 유럽 곳곳에서는 '프라하의 봄'과 같이 공산주의에 저항하는 대규모 시위가 일어났습니다. 1970년대에 이르러 평화공존의 분위기가 핑퐁 외교를 통해 조성되었습니다. 한편 중국은 국력을 키워 공산주의 진영에서 소련을 견제했습니다. 또 유럽도 프랑스를 중심으로 유럽경제공동체를 성립시키면서 세계는 다극화 시대를 맞이하게 되었습니다.

1947

마셜 플랜·트루먼 독트린 미국이 자본주의를 채택한 유럽 국가 및 반공 국가에 경제·군사적 원조를 제공한 정책 시행

인도연방·파키스탄 독립 영국의 식민지배에서 힌두교인 인도연방, 이슬람교인 파키스탄으로 분리 독립

1948

이스라엘공화국 성립 현대 서아시아 분쟁의 시발점이 된 팔레스타인에서의 이스라엘 건국 선언

세계 인권 선언 인간의 존엄과 권리 평등, 시민적·정치적 권리를 명시한 선언문으로 제3차 유엔 총회 참가국 50개국이 서명하여 발표

남북한 정부 각각 수립 남한에서는 공화정체를 표방하는 대한민국이, 북한에서는 공산주의를 표방하는 조선민주주의인민공화국 수립

1949

북대서양조약기(구 NATO) 설립 소련을 견제하기 위해 미국·영국·프랑스·이탈리아 등이 맺은 집단 방위 기구

중화인민공화국 성립 국공 내전에서 승리한 마오쩌둥이 베이징을 수도로 공산당 정부 수립

1950

스톡홀름 성명 채택 세계평화대회위원회의에서 원자폭탄 사용 금지를 요구하는 성명 채택으로 세계 평화 운동 급물살

6·25 발발 북한의 남침으로 일어난 전쟁으로 UN군, 중공군 등까지 개입한 국제 전쟁으로 비화

1953

휴전 협정 조인 6·25 전쟁 중단을 위해 UN군·북한군·중공군이 휴전 협정 체결. 이후 군사분계선인 3·8선과 DMZ 설정

1955 **바르샤바조약기구(WTO) 발족** 공산주의 국가인 소련·동독·헝가리·폴란드 등이 나토에 대항하는 군사 동맹을 체결하고 기구 창설

반둥 회의 냉전과 식민주의 종식을 촉구한 회의로 이후 아시아·아프리카 개발도상국 중심의 '제3세계' 탄생

1956 **제2차 중동 전쟁** 이집트의 수에즈 운하 국유화 선언 후 이스라엘의 시나이 반도 침공으로 일어난 전쟁으로 영국·프랑스·소련의 개입 속에 국제전 양상으로 진행

1957 **유럽경제공동체(EEC) 조인** 노동력, 자본, 기업의 자유로운 이동을 보장한 조약으로 유럽경제공동체 탄생 기반

1959 **쿠바 혁명 성공** 카스트로가 이끈 사회주의 혁명으로 중남미 공산주의 혁명의 상징

1960 **아프리카의 해** 제국주의 국가들에 투쟁하여 영국, 프랑스, 벨기에로부터 아프리카 17개국 독립

베트남 전쟁 미국이 역사상 패배한 최초의 전쟁으로 인도차이나에 공산주의 확산을 촉진

4·19 혁명 이승만의 독재와 3·15 부정선거에 대한 규탄·항의 시위로 이승만을 하야시킨 민주주의 수호 혁명

1961 **제1회 비동맹국 회의 개최** 비동맹중립노선 표방 28개국이 모여 평화공존과 핵전쟁 확산 방지를 위한 결의인 '베오그라드 선언' 채택

5·16 군사정변 박정희·김종필을 중심으로 한 군사쿠데타로 군정 시작

1962 **알제리 독립** 프랑스를 상대로 전쟁과 국민투표로 독립 쟁취, 아프리카 민족 독립 운동을 자극

1967 **제3차 중동 전쟁** 이스라엘이 팔레스타인해방기구의 본거지인 시리아를 침공 6일 만에 영토를 4배 이상 확장한 전쟁

1968 **소련의 프라하 침공** '프라하의 봄'으로 유발된 동유럽 사회주의 국가의 민주자유화 운동 확산을 막기 위해 소련이 체코슬로바키아 프라하를 침공

1971 **중국의 국제연합(UN) 가입** 탁구 교류로 시작된 중·미 핑퐁 외교로 중국이 가입해 국제사회 고립 탈피

1972 **중·미 정상회담** 냉전 수장격인 중·미 정상이 아시아·태평양 지역에서의 패권주의 반대를 선언하는 공동 성명 발표로 데탕트 시대 돌입

7·4 남북 공동 성명 발표 남북 간 상호 불가침 원칙을 포함한 성명으로 자주·평화·민족대단결을 통일의 원칙으로 합의

1979 **소련의 아프카니스탄 침공** 아프카니스탄을 위성국화하기 위한 소련의 침공

12·12 사태 장기 독재 집권 중이던 박정희 대통령이 사살된 10·26사건 이후 전두환이 권력을 잡기 위해 일으킨 군사정변

1980 **이란·이라크 전쟁** 시아파와 수니파 사이 종교·민족 간 갈등이 폭발한 국경 분쟁으로 이라크의 이란 침공으로 전쟁 발발

5·18 광주 민주화 운동 광주 시민이 전두환의 군사독재에 항거한 민주화 운동으로 계엄군이 학살 진압

1981 ~ 현재

인공지능과 우주 정복 시대의 개막, 인류가 나아갈 길

1990년대 이후 지구촌은 세계화의 물결 속에 격동의 현대사를 겪었습니다. 환경 문제, 선진국과 후진국 사이의 경제 격차에 따른 남북 문제, 지역 간의 분쟁과 핵문제, 코로나와 같은 전염병의 확산은 인류를 위협했지만 인류는 과학 기술의 혁신과 백신 개발로 어려움을 극복했습니다.

인터넷과 통신 분야의 혁명에 따른 소셜 네트워크 시대에서 2010년대 이후 인공지능(AI)에 의한 눈부신 진보와 우주 정복 시대를 맞이했습니다. 동시에 AI가 인간의 일자리를 대체하는 문제, 기후 위기에 따른 지구촌의 심각한 위협도 제기되고 있습니다. 그럼에도 인류는 지역 단위의 경제 협력체를 중심으로 협력하며 지혜를 모아 평화와 공존을 향해 나아가고 있습니다.

한국은 K-컬처의 세계적 확산으로 얻은 문화적 자부심과 IT 강국으로서의 역량을 바탕으로, 앞으로 평화통일을 이룩할 것으로 기대됩니다.

1985 **소련의 개혁 개방정책** 소련 공산당 서기장으로 선출된 고르바초프가 민주화와 시장경제 요소 도입

1987 **6월 민주항쟁** 전두환 정권에 대한 반독재·민주화 투쟁으로 정권의 퇴진과 대통령 직선제 개헌 촉발

1988 **제24회 서울올림픽 개최** 세계 160개국 1만 3,303명이 참가한 올림픽으로 전 세계에 한국의 존재와 위상을 과시

1990 **독일 통일** 1989년 베를린장벽 붕괴 이후 서독의 동독 흡수 통합으로 독일연방공화국 탄생
걸프전쟁 이라크의 쿠웨이트 침공을 계기로 다국적군이 참여한 국제 전쟁

1991 **소련 해체** 러시아 등 소련의 11개 공화국이 알타이어 선언을 통해 해체 공식 선언하면서 독립국가연합(CIS) 창설

1992 **마스트리히트 조약 조인** 유럽공동체(EC) 12개 회원국이 유럽 내 단일 통화 도입과 유럽 중앙은행 설립 비준

1993 **우루과이라운드 협상** 세계 각국의 무역 장벽을 제거하기 위한 협상으로 117개 국가가 참가한 가운데 타결

1995 **세계무역기구(WTO) 출범** 세계화 시대의 무역 분쟁의 해결을 위한 다자간 무역기구로 세계무역질서를 관장

1997 **외환위기** 국가부도 위기로 IMF 구제금융 지원 요청을 하며 금융불안·도산·대량실업 등 발생

1999 **코소보 전쟁** 세르비아 정부가 인종청소를 자행한 전쟁으로 반인류범죄 응징을 위한 국제규범 탄생

2000 **6·15 공동선언 발표** 남한의 김대중 대통령과 북한의 김정일 국방위원장이 남북정상회담 후 통일문제의 자주적 해결을 명시한 선언문 발표

2001 **아프카니스탄 전쟁** 미국이 9·11테러를 일으킨 테러리스트를 체포하기 위해 아프가니스탄을 침공한 전쟁

2003 **이라크 전쟁** 미국이 경기회복과 석유 확보를 위해 '악의 축' 응징을 이유로 최첨단 현대 무기를 동원해 이라크를 공격한 전쟁

2007 **10·4 남북공동 선언 발표** 노무현 대통령과 북한의 김정일 국방위원장이 남북정상회담 후 남북관계 발전 및 평화번영을 위한 선언문 발표

2008 **미국 최초 흑인 대통령 당선** 민주당 후보 오바마가 대통령에 당선. 미국 역사상 최초의 흑인 대통령 취임

2009 **신종플루 대유행** 멕시코에서 발생한 전염병으로 129개국 26만 명 감염

노무현 전 대통령 서거 노무현 전 대통령이 자신의 고향인 봉화마을의 부엉이 바위에서 생을 마감

2010 **G20 정상회의 개최** 세계경제협의기구의 정상회의를 개최함으로써 G20 의장국 지위 확보

아랍의 봄 2010년 12월부터 이슬람교를 믿는 서아시아와 북아프리카 지역에서 일어난 민주화를 요구하는 시위와 혁명

2011 **일본 대지진 발생** 진도 9.0의 지진으로 원전 방사능 누출 사고 발생

2013 **박근혜 대통령 취임** 대한민국 헌정 사상 첫 여성 대통령 취임

2014 **러시아의 크림반도 합병** 러시아의 푸틴 대통령이 지중해와 대서양으로 진출하기 위한 해로를 확보하기 위해 크림반도와 세바스토폴을 합병함

IS 국가 선포 이슬람교 원론 복귀를 주장하는 이슬람 극단주의자들, '이슬람국가(IS)'를 세우고 테러와 전쟁을 일으켰으나 2019년 수도 함락 후 소멸

세월호 참사 4월 16일 제주도 수학여행을 가던 학생들의 배가 침몰하여 476명 중 304명이 사망·실종된 참사

2015 **파리 기후변화협약 개최** 2020년 만료 예정인 교토의정서를 대체하여 195개 당사국 모두의 온실 가스 감축 의무를 결정

2016 **영국 브렉시트 단행** 영국이 유럽 연합(EU)에서 탈퇴

촛불 혁명 박근혜–최순실 게이트에 분노한 시민들의 대규모 촛불 혁명

2017 **박근혜 대통령 탄핵, 문재인 대통령 취임** 헌정 사상 최초로 현직 대통령이 탄핵으로 파면되고 제19대 문재인 대통령 당선

2018 **평창 올림픽 개최** 평창에서 동계 올림픽을 성공적으로 개최

남북 정상 회담 판문점 선언과 평양 선언, 북한과 미국의 제1차 북미 정상 회담 개최

2019 **세계 최초 달 뒷면 탐사** 중국 달 탐사선 창어 4호가 1월 3일 최초로 달 뒷면 착륙 성공

신종 코로나 바이러스 발생 2019년 12월 마지막 날 WHO(세계보건기구), 중국 우한에서 원인불명의 폐렴이 발생. 무서운 속도로 전염이 확산되고 있다는 보고 접수

2020 **영국 브렉시트 단행 완결** 영국이 EU에서 47년 만에 공식 탈퇴. EU 회원국은 28국에서 27국으로 줄어듬

2021 **아프카니스탄에서 탈레반 재집권** 아프카니스탄에서 미군과 서방 국가들의 철수 후 반군 단체인 탈레반이 부패한 아프가니스탄 정부를 몰아내고 재집권에 성공

미얀마 군부 쿠데타 미얀마 군부가 2015년 민간 정부를 출범시켰던 미얀마 민주화 운동의 지도자 아웅산 수지의 집권 여당이 총선에서 압승하자 부정 선거라고 주장하며 군사 쿠데타

2022 **러시아, 우크라이나 침공** 2월24일 새벽 4시 러시아가 우크라이나를 침공, 러시아·우크라이나 전쟁이 발발하여 현재도 진행 중

이란 여성의 히잡 시위 이란에서 마흐사 아미니가 히잡 문제로 체포 후 사망하자, 이란 전역에서 여성들이 히잡을 벗고 "여성, 생명, 자유"를 외치며 시위

제20대 윤석열 대통령 취임 국민의 힘 윤석열 후보가 더불어민주당 이재명 후보를 이기고 대통령에 취임

우주 발사체 독립 달성 6월 21일 한국형 발사체 '누리호' 발사에 성공, 세계에서 7번째 우주 발사체 독립 국가가 됨

10·29 이태원 참사 10월 29일 오후 서울 용산구 이태원동 해밀톤호텔 옆 골목에 핼러윈 인파가 몰려 159명이 사망, 197명이 부상하는 대참사 발생

2023 **이스라엘·하마스 전쟁** 10월7일 이스라엘에 대한 가자 지구 팔레스타인 무장 세력인 하마스의 무력 침공으로 시작. 이스라엘의 반격으로 가자 지구 초토화, 미국 주도로 휴전 협정 진행 중

생성형 인공지능 챗GPT의 등장 2023년 11월 생성형 인공지능 챗GPT가 등장, 기술 혁명의 새 장이 열림. 인간 고유의 사고력과 창의성을 대체하거나 침해, 사회적·윤리적 문제를 일으킴

제25회 세계 잼버리 대회 개최 2023년 8월 1일~12일까지 전북 부안군 새만금 일대에서 세계 159개국 4만 3000명의 스카우트 대원들이 참여하는 세계 잼버리 대회를 개최

2024 **미국 트럼프 대통령 재집권** 2020년 재선에 실패했던 도널드 트럼프가 고율 관세 등 '미국 우선주의(America First)'정책을 내걸어 재당선

12.3 사태와 대통령 탄핵 윤석열 대통령이 12월 3일 비상계엄령을 선포하고 무장 군인을 보내 국회를 봉쇄. 국회, 계엄령 해제 결의안 가결 이후 계엄의 위헌성과 권력 남용을 들어 12월 14일 탄핵소추안 가결

2025 **윤석열 대통령 체포 및 파면** 헌정사상 최초로 현직 대통령 체포. 헌법 재판소에서 탄핵 심판 후 만장일치로 파면 결정

이재명 대통령 취임 대통령 선거 사상 최다 득표를 확보하며 취임

한 번에 비교해 이해하는
중학 한국사 세계사 ❷ 중세 말 ~ 근대

초판 1쇄 인쇄 2025년 12월 17일
초판 1쇄 발행 2025년 12월 30일

지은이 송영심
펴낸이 김종길
펴낸 곳 글담출판사 **브랜드** 글담출판

기획편집 이경숙 · 김보라 **영업홍보** 김지수
디자인 손소정 **관리** 이현정

출판등록 1998년 12월 30일 제2013-000314호
주소 (04091)서울시 마포구 토정로 222 한국출판콘텐츠센터 309호
전화 (02) 998-7030 **팩스** (02) 998-7924
블로그 blog.naver.com/geuldam4u **이메일** geuldam4u@geuldam.com

ISBN 979-11-91309-95-9 (04900)
ISBN 979-11-91309-93-5 (세트)

* 책값은 뒤표지에 있습니다.
* 잘못된 책은 바꾸어 드립니다.
* 일러두기. 이 책에 사용된 이미지 중 저작권 허락을 받지 못한 작품에 대해서는 절차에 따라 저작권료를 지불하겠습니다.

만든 사람들
책임편집 이경숙 **디자인** 정현주 **교정교열** 신혜진

글담출판에서는 참신한 발상, 따뜻한 시선을 가진 원고를 기다리고 있습니다.
원고는 아래의 투고용 이메일을 이용해 보내주세요. 여러분의 소중한 경험과 지식을 나누세요.
이메일 to_geuldam@geuldam.com